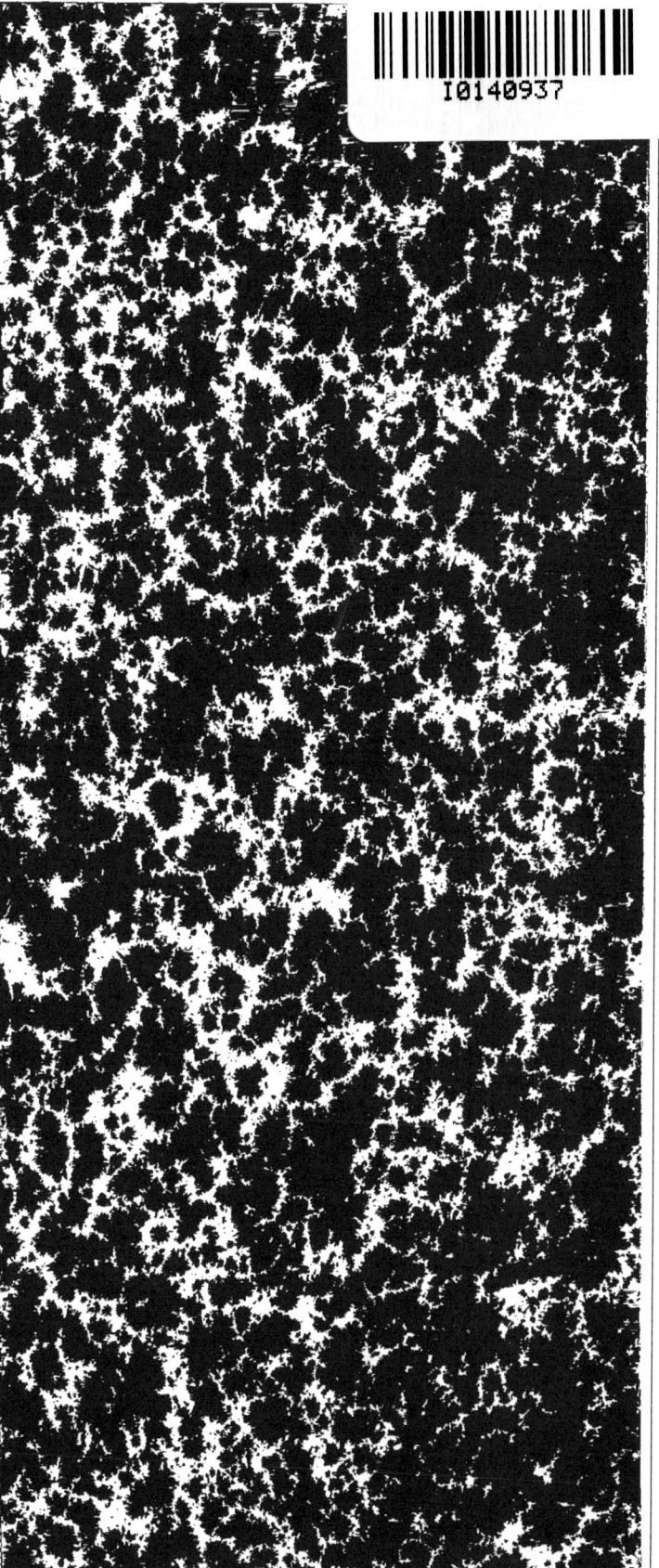

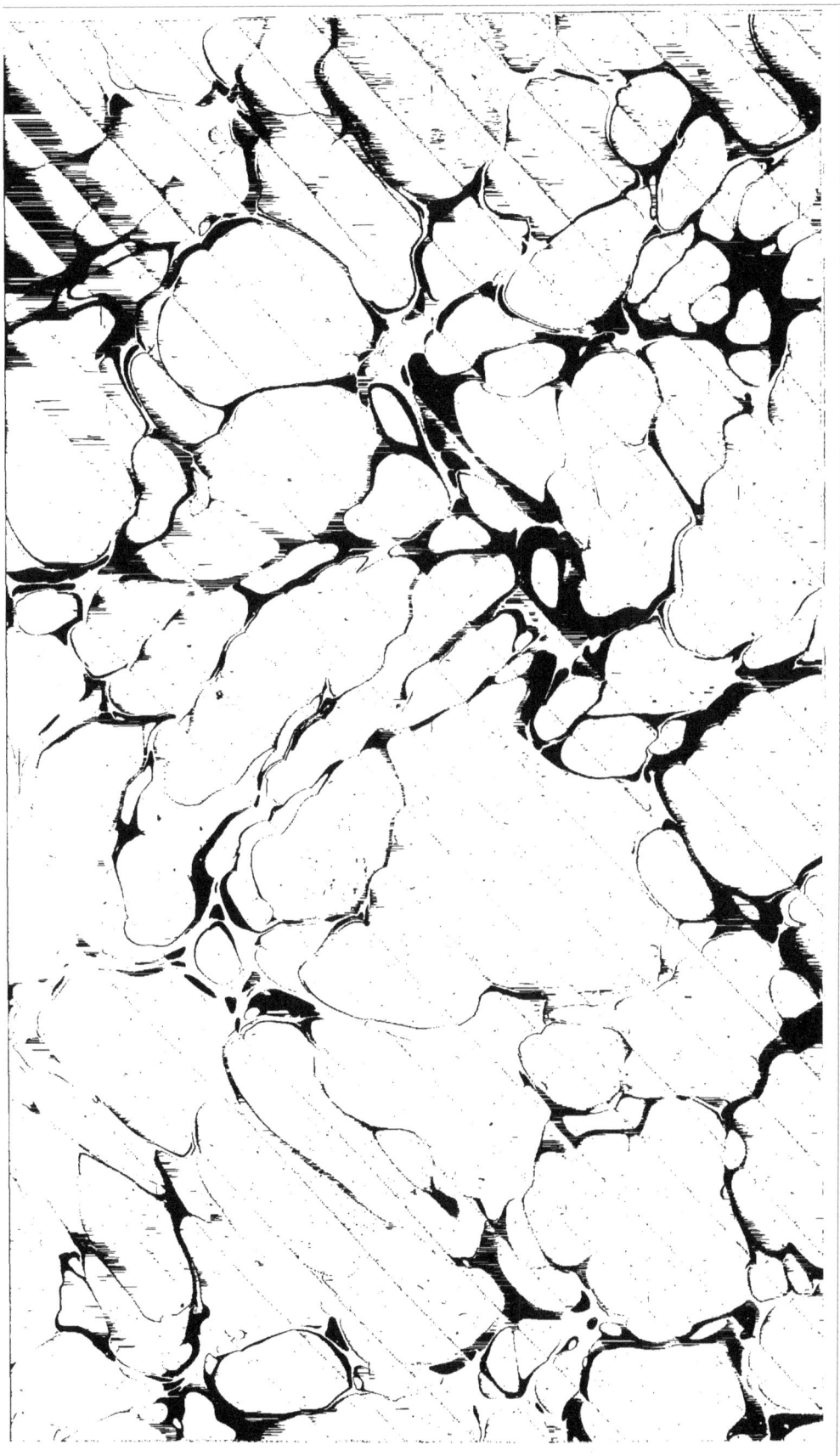

VERS

LA TERRE POLAIRE AUSTRALE

PAR

E. PARISET

Les avantages scientifiques des
explorations polaires et l'encoura-
gement qu'elles apportent au génie
des entreprises maritimes sont des
raisons suffisantes pour les poursuivre.

(Lord Beaconsfield).

Extrait des
*Mémoires de l'Académie des Sciences, Belles-Lettres
et Arts de Lyon.*

LYON

A. REY, IMPRIMEUR DE L'ACADÉMIE

4, RUE GENTIL, 4

1904

VERS

LA TERRE POLAIRE AUSTRALE

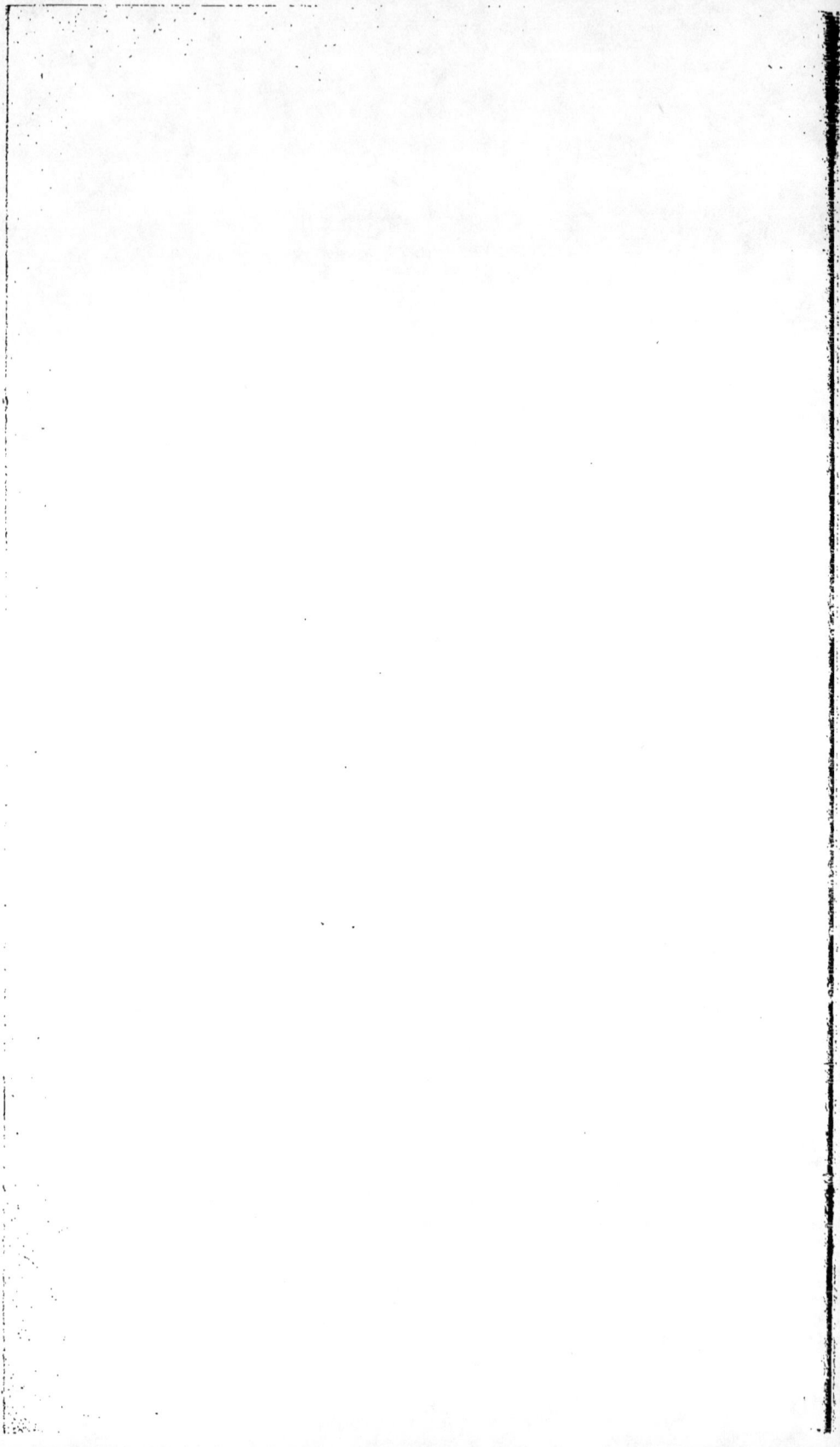

VERS

LA TERRE POLAIRE

AUSTRALE

PAR

E. PARISET

> Les avantages scientifiques des
> explorations polaires et l'encoura-
> gement qu'elles apportent au génie
> des entreprises maritimes sont des
> raisons suffisantes pour les pour-
> suivre.
>
> (Lord BEACONSFIELD).

Extrait des
*Mémoires de l'Académie des Sciences, Belles-Lettres
et Arts de Lyon.*

LYON

A. REY, IMPRIMEUR DE L'ACADÉMIE

4, RUE GENTIL, 4

—

1904

J'ai fait hommage À MON PÈRE, *du premier ouvrage que j'ai publié en 1862,* l'Histoire de la Soie ; *je dédie cet opuscule, dernier effort de mon intelligence*

A MES PETITS-ENFANTS

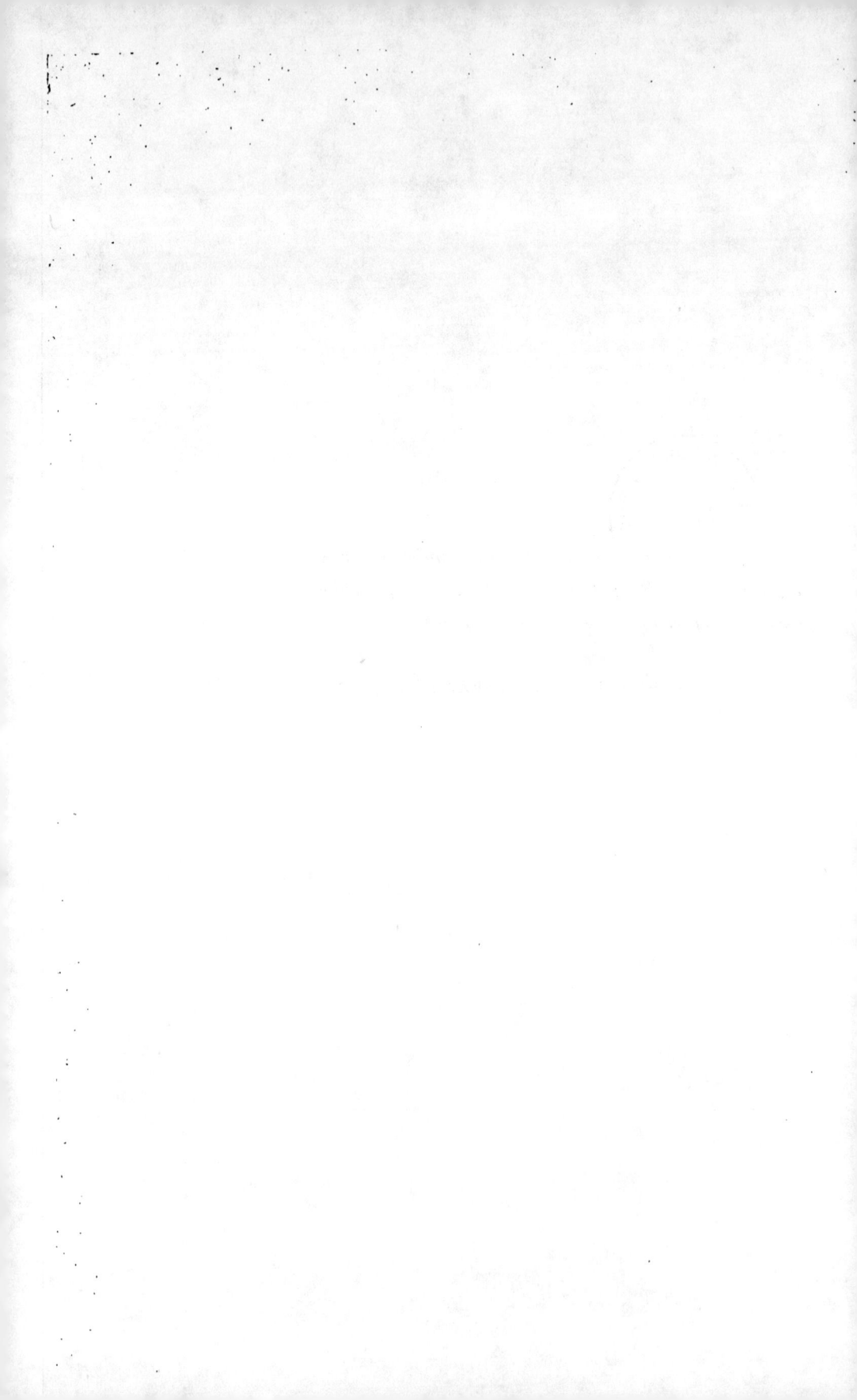

VERS
LA TERRE POLAIRE AUSTRALE

INTRODUCTION

D'après les récentes découvertes, il est démontré que notre planète est terminée au pôle nord par une mer et au pôle sud par une terre.

Pendant de longs siècles cette terre australe est demeurée hypothétique, et, néanmoins, la croyance dans son existence a toujours eu de fervents adeptes. Elle fut nommée par eux *Continent Austral*, puis *Antarctide*.

Aperçue pour la première fois au milieu du xIxᵉ siècle elle commence à être connue grâce aux expéditions scientifiques qui ont eu pour mission d'explorer les régions australes. Les conquêtes géographiques faites pendant les quatre premières années du xxᵉ siècle ont résolu le problème antarctique. Elles sont assez importantes pour que je sois certain d'intéresser l'Académie des sciences, belles-lettres et arts de Lyon en les lui énumérant dans un récit très succinct.

Afin de mieux faire apprécier les progrès réalisés dans la

science géographique, je commencerai par résumer l'histoire des terres australes antérieurement au xxᵉ siècle. J'en trouve les documents réunis dans les ouvrages de deux savants que je prendrai pour guides : *le Continent Austral*, par le professeur Armand Rainaud, Paris, 1893, et *Antarktis*, par le Dʳ Karl Fricker, Berlin, 1898.

Mes confrères auront ainsi sous les yeux le tableau complet des péripéties de la lutte qui a été soutenue jusqu'à nos jours, au nom de la science, pour conquérir le pôle Sud.

Ils voudront bien noter que les longitudes sont réglées sur le méridien de Greenwich ; et que, afin d'éviter toute apparence d'érudition, je supprime les « minutes » et les « secondes » dans les énoncés géographiques.

Lyon, 8 septembre 1904.

A. M. D. G.

E. Pariset.

CHAPITRE PREMIER

LE CONTINENT AUSTRAL [1]

TEMPS ANTÉRIEUR AU XIX° SIÈCLE

L'hypothèse d'un continent austral inaccessible est acceptée jusqu'à la fin du
xv° siècle.

Au xvi° siècle, les géographes le croient découvert et lui attribuent, sans le
limiter vers le sud, toutes les terres nouvelles signalées dans l'hémisphère
austral.

Au xvii° siècle, le prétendu continent austral se désagrège. Les géographes y
renoncent, et adoptent l'hypothèse d'un vaste continent situé au delà du
45° parallèle sud.

Au xviii° siècle, l'hypothèse d'un continent austral est maintenue, mais il est
réduit à une terre de petite dimension entourant le pôle Sud.

Les philosophes et géographes grecs, après avoir démontré la sphéricité du globe terrestre, l'avaient théoriquement
divisé en zones, posant en principe que l'hémisphère austral
et l'hémisphère boréal devaient être symétriques et s'équi-
librer. Ils avaient proclamé nécessaire un continent austral,
qu'ils avaient nommé *Antichthone*[2].

Les hautes températures qui règnent vers les tropiques,

---

[1] M. Armand Rainaud, professeur agrégé d'histoire et de géographie, a
publié sous le titre *le Continent Austral, hypothèses et découvertes*, Paris,
1893, une étude, illustrée de nombreuses cartes. C'est un travail considérable, et le consciencieux auteur a fait une moisson si complète de tous
les documents concernant les terres australes qu'il n'a rien laissé à glaner.
Je ne peux que renvoyer les lecteurs, curieux de connaître les sources, à
ce remarquable ouvrage où ils trouveront exposées, avec une érudition sûre
d'elle-même et avec une grande impartialité, toutes les hypothèses qui ont
été successivement émises jusqu'à la fin du xviii° siècle.

[2] Voir Rainaud, *op. cit.*, p. 19.

Les Grecs avaient nommé l'ancien continent connu et habité dans l'hémisphère boréal *Æcumène*.

en raison d'une insolation prolongée, la chaleur suffocante
des vents soufflant du Midi, les déserts pleins d'épouvante-
ment que les voyageurs avaient signalés tant en Asie
qu'en Afrique, avaient fait admettre qu'une zone aride et
désolée séparait les deux hémisphères et rendait peut-être
inhabitable la terre australe elle-même.

De plus, le vaste océan, dont on supposait le continent
austral environné, avait été déclaré inaccessible, la navigation étant étroitement limitée à l'est dans la mer des Indes,
comme à l'ouest à l'entrée de l'océan Atlantique par l'imperfection des navires voiliers, par la fréquence et la violence
des tempêtes, par les brouillards épais, et par les herbes
flottantes[1].

Trois propositions, en ce qui concerne l'hémisphère austral, avaient donc été généralement admises par les Grecs.
Ce sont les seules qui ont été maintenues dans leurs traditions, bien que des terres habitables eussent été vues et
signalées vers l'équateur[2], et bien que la côte orientale de
l'Afrique eût été abordée au-dessous de l'équateur, du 10e
au 15e parallèle Sud[3].

Les géographes arabes ont adopté les théories des Grecs[4].
Ils ont discuté sur les conditions d'habitabilité des terres
australes et sur les limites de la possibilité d'habitation sur

---

[1] La mer des Sargasses avait beaucoup effrayé les navigateurs.

[2] Ainsi l'Éthiopie, les monts de la Lune.
Notre éminent géographe lyonnais, M. Berlioux, a publié et commenté,
en 1884 le livre où Polybe parle de « la terre habitable vers l'équateur ».

[3] On en trouve les preuves dans le *Périple de la mer Erythrée* dont l'auteur est anonyme, dans la *Géographie* de Ptolémée et dans les écrits de
Marin de Tyr. Voir Rainaud, *op. cit.*, p. 82 et suiv.

[4] Ils s'inspirent surtout de Ptolémée, n'acceptant pas cependant l'opinion que la mer des Indes était fermée, puisque les navigateurs arabes,
constataient, par expériences journalières, la communication entre la mer
des Indes et les océans environnants.

le globe terrestre, mais ils n'ont pas douté de l'existence de ces terres.

Leurs voyageurs trop souvent rencontraient, et décrivaient avec terreur, des déserts désolés et brûlants pour que le principe de la zone torride fût mis en doute.

A l'ouest leurs navigateurs n'osaient pas pénétrer dans l'Atlantique qu'ils nommaient la Mer Ténébreuse, et côtoyaient la côte occidentale d'Afrique[1] seulement jusqu'au littoral aride du Sahara ; vers l'est, ils étaient empêchés de descendre vers l'hémisphère austral[2] par des périls sans nombre, une mer « poisseuse », des tempêtes effroyables, des animaux monstrueux, des montagnes aimantées. L'innavigabilité de l'océan Austral semblait donc incontestable.

Contrairement aux Arabes, les géographes occidentaux ne se sont pas, au début du moyen âge, ralliés aux doctrines scientifiques de l'antiquité.

Les Pères de l'Eglise ayant condamné toutes les théories qui paraissaient en contradiction avec l'enseignement de la Bible, la théorie des antipodes a été repoussée[3] comme incompatible avec l'unité de l'origine du genre humain. Néanmoins quelques mappemondes[4] insérées dans des manuscrits qui datent du ix° au xi° siècle présentent une *Anti-*

---

[1] C'est là qu'ils rencontraient la mer « Verte », c'est-à-dire la mer des Sargasses. Les tempêtes et les brouillards y étaient également fréquents.

[2] Les Arabes ont cependant connu Madagascar et la côte orientale de l'Afrique jusqu'à Sofala. La navigation était favorisée dans ces parages par les moussons et les courants.

[3] Il en est résulté les mappemondes grossières que l'on trouve dans les manuscrits au moyen âge, où la terre est généralement représentée comme une roue à trois rayons. La ville de Jérusalem est souvent mise au centre. Voir Rainaud, *op. cit.*, p. 123.

[4] Elles sont décrites par Santarem et ont paru dans divers manuscrits d'Isidore de Séville et de Macrobe. — *Essai sur l'histoire de la cosmographie et de la cartographie pendant le moyen âge*, par Santarem, trois volumes avec atlas. Voir Rainaud, *op. cit.*, p. 138.

chthone, et prouvent que ce nom n'était pas totalement oublié.

Les savants[1] ont repris la tradition antique après que le goût des études classiques[2] eût reparu, que le mouvement des Croisades eût multiplié les relations avec l'Orient et que les œuvres d'Aristote, traduites et lues avec passion, eussent été vulgarisées.

Ainsi, au xive siècle, les notions géographiques sur l'hémisphère austral devenaient les mêmes en Occident qu'en Orient, et reproduisaient les théories proposées par les philosophes grecs, c'est-à-dire : l'existence d'un continent, l'interposition d'une zone torride inhabitée entre les deux hémisphères, l'impossibilité d'atteindre par mer cette terre australe.

Les voyages des Arabes, il est vrai, avaient eu le résultat important de démontrer que la mer des Indes n'était pas fermée, comme Ptolémée le disait, et que le continent inconnu n'était pas à la jonction de l'Asie avec l'Afrique. Mais aucune autre découverte n'avait, durant quatorze siècles, éclairé les questions posées.

Le continent austral hypothétique n'avait pas été abordé ; on ne savait où le chercher ; on se demandait s'il était habitable et fertile.

La zone torride intertropicale n'avait été nulle part franchie et conservait son aspect terrifiant.

La côte occidentale de l'Afrique avait été visitée seulement jusqu'au 26e parallèle nord, et le cap Bojador demeurait la limite de la navigation dans l'océan Atlantique.

---

[1] Albert le Grand, Roger Bacon, Vincent de Beauvais, sont les génies qui ont préludé à la renaissance scientifique des occidentaux à dater du xiie siècle.

[2] Les compilateurs tels que Pline, Sorlin, Macrobe, ont été en grande faveur à cette époque.

Dans la mer des Indes, les Arabes avaient franchi l'équateur, et côtoyé le littoral oriental de l'Afrique jusqu'au 24e parallèle sud ; et, d'autre part, Marco Polo, dans son merveilleux voyage vers l'est, avait atteint l'équateur entre le détroit de Malacca et l'île de Sumatra. Mais tous[1] avaient affirmé les dangers invincibles qui empêchaient les navigateurs d'aller plus au sud.

A la fin du xve siècle les spectres qui défendaient l'entrée de l'hémisphère austral disparaissent après les voyages hardis des Portugais.

Sur l'initiative réfléchie[2] du prince Henri de Portugal et avec son appui persévérant, d'intrépides capitaines ont méthodiquement exploré le littoral entier de l'Afrique. Le cap Bojador était franchi en 1433, l'équateur en 1470, le cap Negro en 1482, le cap de Bonne-Espérance en 1497[3].

Les légendes traditionnelles de la zone torride et de l'océan innavigable étaient détruites, puisque les Portugais avaient vu, au sud de l'équateur, des contrées verdoyantes et fertiles et qu'ils avaient pénétré jusqu'au 40e parallèle sud.

*
* *

L'histoire du continent austral, avec le xvie siècle, entrait dans une phase nouvelle.

Le prince Henri n'avait pas eu la préoccupation de découvrir cette terre inconnue ; il admettait qu'il y avait dans le

---

[1] M. Rainaud, op. cit., p. 168 et suiv., cite, outre ces expéditions, les voyages des Normands, des Génois, du dominicain Brochard, qui ont eu lieu aux xive et xve siècles.

[2] C'est en effet, après l'étude de Ptolémée et des cosmographes que le prince Henri prit la résolution de percer le mystère de la mer Ténébreuse.

[3] M. Rainaud a longuement insisté sur les voyages des Portugais et sur leurs conséquences si importantes pour la science géographique (le Continent Austral, 3e partie, chapitres i, ii et iii).

continent africain des populations païennes qu'on pouvait
convertir [1]; il désirait connaître l'étendue de l'empire des
Maures, redoutables ennemis du Portugal et de l'Espagne;
il voulait surtout conquérir une route plus directe vers
l'Inde. Il avait donc poursuivi un triple but : religieux,
politique et commercial.

Mais les succès des Portugais devaient inévitablement
raviver la question du continent austral en faisant naître
l'espoir de sa découverte.

On constate, par un certain nombre de mappemondes
datées du xve et du xvie siècle [2], combien les traditions
classiques de la zone torride et de la terre australe inaccessible ont été vivaces et difficiles à déraciner.

L'opinion contraire, la croyance dans l'existence de
terres australes fertiles et accessibles se répandait cependant rapidement, fortifiée par de nombreuses découvertes
successives. Tantôt des marins convaincus sont partis à la
recherche de terres nouvelles : c'est ainsi que les côtes
orientales de l'Amérique du Sud ont été explorées [3] et que
des îles de la Polynésie ont été signalées [4]. Tantôt des explorateurs poursuivant un but déterminé, tel que le passage
au sud de l'Amérique, ont découvert la Terre de Feu et la
terre de Drake [5]. Tantôt c'étaient des capitaines de la

---

[1] Souvenir de la légende de saint Brandon. Voir Rainaud, *op.cit.*, p. 171.

[2] Rainaud, *op. cit.*, p. 200-202.

[3] C. Colomb part des îles du Cap Vert et aborde l'Amérique le 1er août
1498 près de l'embouchure de l'Orénoque. Pinzon le 26 janvier 1500 débarque au cap Saint-Augustin. A. Vespucci, dans deux voyages en 1501 et
1503, côtoie le Brésil du cap Saint-Augustin au Rio de Cananor.

[4] Mendana part du Pérou en 1567 et découvre les îles Salomon, puis, en
1595, l'île Sainte-Croix.
Queiros, qui avait servi sous Mendana et qui a été un des plus pas-
sionnés partisans de la terre australe, part du Pérou en 1605 et découvre en
1606 plusieurs îles et la terre Saint-Esprit. Rainaud, *op. cit.*, ch. viii, 3e partie.

[5] Magellan part le 20 septembre 1519 pour découvrir une route vers les
Moluques au sud du Brésil ; il atteint le cap des Onze mille Vierges, à l'en-

marine marchande qui, au cours d'un voyage commercial, abordaient la Nouvelle-Guinée et les côtes de Java la Grande (l'Australie [1]).

Les géographes [2], partisans de la théorie nouvelle, ont vu dans toute côte découverte au-dessous de l'équateur une apparition du continent austral. Ils n'ont pas hésité à déclarer que la Terre de Feu et la Nouvelle-Guinée appartenaient au même continent ; puis à rattacher la grande Java à la Nouvelle-Guinée, et la Nouvelle-Guinée aux îles Salomon : suivant eux, un immense continent englobait toute l'étendue du globe dans l'hémisphère austral.

Les cartographes, qui ont multiplié les cartes, les mappemondes et les globes [3] afin de suivre le mouvement des découvertes géographiques, n'ont éprouvé aucun embarras à relier la Terre de Feu vers l'est aux îles Salomon et vers l'ouest à la grande Java ; et le littoral fantaisiste que chaque auteur a varié suivant son imagination a donné aux cartes du XVIe siècle les aspects les plus bizarres [4].

trée du détroit, le 21 octobre 1520 ; passe entre la Terre de Feu et l'Amérique et pénètre le 28 novembre 1520 dans l'océan Pacifique qui devient la route occidentale cherchée.

Le corsaire Drake est chargé en 1578 de vérifier l'existence de ce détroit de Magellan qui avait été depuis de longues années délaissé à cause des dangers qu'il offrait ; et il aperçoit vers le sud, dans l'océan Pacifique, la terre qui a longtemps porté son nom « terre de Drake ».

[1] La Nouvelle Guinée est découverte en 1526 par de Meneses ; la côte septentrionale de la grande Java commence à être explorée dès l'année 1531.

[2] M. Rainaud a longuement développé dans la troisième partie de son ouvrage (chap. IV, V, VI, VII) l'influence des découvertes géographiques faites au XVIe siècle sur les idées scientifiques, et leurs conséquences en ce qui concerne le continent austral.

[3] M. Rainaud, op. cit., 3e partie, ch. VII, a reproduit quelques-unes des cartes du XVIe siècle, et notamment des types des mappemondes de Mercator, le plus célèbre et le plus répandu des cartographes.

La plus ancienne carte qui mentionne une terra australis paraît être celle qui a été publiée en 1531 par Orontius Finacus.

[4] M. Edwin Swift Bach, auteur de l'Antarctica, ouvrage publié à Phila-

Il est donc résulté des découvertes faites au xvıᵉ siècle par les Portugais et les Espagnols que le continent austral, jusqu'alors purement hypothétique, a pris corps. On en savait très peu de chose : quelques apparitions seulement du vaste continent avaient été signalées sur chacune des deux routes ouvertes, l'une à l'est du cap de Bonne-Espérance et l'autre à l'ouest du détroit de Magellan, pour aller vers l'Inde et les îles aux épices. La partie connue la plus importante était l'extrême littoral septentrional formé par les côtes de la Nouvelle-Guinée et de l'Australie (la grande Java). Des limites très vagues à l'est et à l'ouest avaient été dessinées entre l'Amérique et l'Afrique. Au sud, le continent demeuré totalement inconnu s'étendait illimité.

Non seulement l'existence des terres australes habitables et accessibles était affirmée à la fin du xvıᵉ siècle, et même si bien établie que plusieurs écrivains ont publié des projets de colonisation [1], mais elles étaient nationalisées et avaient un caractère officiel. Ainsi Queiros, marin passionné de découvertes, voulant explorer l'océan Pacifique méridional, a été obligé de solliciter la permission du roi d'Espagne et a obtenu très difficilement et après de longues démarches la cédule royale [2]. De même, Lemaire, gros marchand d'Amsterdam, désireux d'aller trafiquer dans les contrées où la Compagnie des Indes orientales néerlandaises s'était déjà établie, est obligé de solliciter une autorisation du prince Maurice de Nassau qui inscrit dans la charte, datée du 13 mai 1611, « la Terre australe » auprès de l'Inde, de la Tartarie, de la Chine et du Japon.

---

delphie en 1902, a présenté une étude d'un certain nombre de cartes du xvıᵉ siècle.

[1] Rainaud, *op. cit.*, ch. x.

[2] Elle est datée de Valladolid, 31 mars 1603; elle avait été demandée après son retour d'une expédition qu'il avait faite en 1595 avec Mendana.

*
* *

Les contrées encore inconnues dans l'hémisphère austral étaient trop nombreuses et trop étendues pour que la fièvre des découvertes, si intense au xvi⁰ siècle chez toutes les nations européennes se calmât. Comme précédemment des expéditions de corsaires, de marchands, et des expéditions officielles ont eu au xvii⁰ siècle des résultats heureux pour la géographie[1].

Les résultats les plus importants ont été obtenus par des Hollandais et doivent être, en grande partie, attribués à l'initiative intelligente des gouverneurs des Indes néerlandaises siégeant à Batavia[2].

Mais les découvertes géographiques du xvii⁰ siècle présentent ce caractère particulier qu'elles ont eu pour conséquences de réduire, d'émietter pour ainsi dire, le continent si péniblement échafaudé durant le xvi⁰ siècle, au lieu de fournir des éléments à son extension et des preuves à l'appui des affirmations des géographes.

La Nouvelle-Guinée a cessé de faire partie du continent lorsque le détroit qui sépare cette île de la Nouvelle-Hollande a été parcouru par Torres[3].

La Terre de Feu a été détachée du continent : son insula-

---

[1] Rainaud, op. cit., ch. xi, 3⁶ partie.

[2] Carpenter et Van Diémen sont à citer tout particulièrement : le golfe de Carpentarie et la terre de Van Diémen conservent leurs noms.

[3] Torres commandait un des navires composant l'escadre partie du Pérou avec laquelle Queiros découvrit, en 1606, la terre de Saint-Esprit. Il fut isolé et emporté par les vents et les courants vers la pointe méridionale de la Nouvelle-Guinée. C'est en la côtoyant qu'il parcourut le détroit qui a conservé son nom. Ce détroit, demeuré longtemps inconnu des géographes, a été retrouvé et décrit par Bougainville, en 1769.

rité a été démontrée par les expéditions de Dirk-Gherritz[1] et de Jacques Lemaire[2].

L'exploration du golfe de Carpentarie et du littoral de la grande Java a démontré que le littoral du continent austral se confondait au nord et à l'est avec les côtes de la grande Java. Cette exploration faite par différents commandants néerlandais[3] a duré près de quarante ans (1606-1644).

La limite méridionale de l'immense continent que les géographes étendaient jusqu'au pôle sud a été fixée au 40° parallèle sud par Tasman qui, chargé, en 1642, par le gouverneur Van Diémen de rechercher la délimitation sud des terres explorées au nord et à l'ouest, avait pu traverser presqu'en ligne droite l'océan Pacifique de l'île Maurice à la Nouvelle-Zélande. Le navigateur allant de l'ouest à l'est n'avait rencontré que vers le 41° lat. S. une terre qu'il avait

---

[1] Le 27 juin 1598, une escadre de cinq navires, placée sous les ordres de Jacques Mahu, était partie de Rotterdam pour explorer le détroit de Magellan en se rendant aux Indes. Le commandant d'un des navires, Dirk Gherritz, fut, au sortir du détroit vers l'océan Pacifique, surpris par une tempête et entraîné jusqu'au 64e parallèle sud. Il constata du côté de l'ouest que la Terre de Feu était une île, et aperçut la terre dont elle était séparée.

[2] Le marchand d'Amsterdam, Lemaire, voulant éviter les passages réservés à la Compagnie des Indes néerlandaises avait cherché à pénétrer dans l'océan Pacifique au-dessous du détroit de Magellan et il avait découvert, en janvier 1616, à l'est de la Terre de Feu, un canal bordé d'un côté par cette terre et de l'autre côté par de hautes montagnes; et, en suivant ce canal, il avait passé au sud de la Terre de Feu et avait navigué jusqu'à l'océan Pacifique. Il avait nommé cette terre, vue à l'est, « Terre des Etats » en souvenir des Etats généraux des Provinces unies, et il l'avait considérée comme faisant partie du continent austral. C'est un autre Hollandais Hendrik Brouwer qui, en 1643, reconnut l'insularité de cette prétendue terre des Etats. Le canal fut nommé Canal Lemaire. (Rainaud, op. cit., p. 343 et suiv.)

[3] Rainaud, op. cit., p. 357 et suiv.

Sur une carte de la Nouvelle-Hollande, insérée p. 371, M. Rainaud note les dates des découvertes et les noms des découvreurs depuis 1606 jusqu'à 1802.

dénommée « Terre de Van Diémen[1] ». Tasman l'avait considérée comme la pointe la plus méridionale du continent, désormais transformé en une grande île à laquelle il donna le nom de « Nouvelle-Hollande ».

Continuant sa circumnavigation, Tasman était ensuite remonté vers le nord et était rentré à Batavia après avoir exploré la partie septentrionale de la Nouvelle-Guinée.

La déception des géographes a été très grande lorsqu'il a fallu accepter la mutilation de l'immense continent austral.

Grande a été également la confusion des cartographes en apprenant qu'un immense océan tenait la place des terres.

Mais ni les uns ni les autres n'ont renoncé à la croyance dans une vaste terre australe s'étendant jusqu'au pôle.

Au reste, Tasman lui-même affirmait qu'il avait découvert le véritable continent austral, et que, d'après l'expérience qu'il venait de faire, ce continent devait être cherché au-delà du 45° parallèle, plus près du pôle Sud.

Il avait, en effet, en s'éloignant de la Tasmanie vers l'est, abordé[2] par le 43° parallèle sud une terre qu'il avait nommée « Terre des Etats ». C'est cette terre, aujourd'hui la Nouvelle-Zélande, qu'il déclarait être un promontoire du continent austral auquel il rattachait, à l'ouest, la terre des Etats découverte par Lemaire près de la Terre de Feu.

L'hypothèse d'une terre australe importante a donc été

---

[1] Cette terre est nommée également Tasmanie. Elle a été découverte le 24 novembre 1642.

Le nom de « Nouvelle-Hollande » a été remplacé au xix° siècle par celui d'Australie.

[2] Tasman voulait explorer les îles Salomon avant de rentrer à Batavia. Il découvrit la Nouvelle-Zélande le 14 décembre 1642. Il longea la côte pendant quelques jours en remontant vers le nord, mais ne chercha pas à reconnaître s'il se trouvait en présence d'une île. Avant de rentrer à Batavia (le 15 juin 1643), il découvrit l'archipel de Tounga et visita la côte orientale de la Nouvelle-Guinée.

maintenue après la disparition du continent qui avait été placé entre l'Afrique à l'ouest et l'Amérique à l'est. De l'expérience du passé une seule conséquence a été retenue, c'est que les recherches devaient être continuées dans des latitudes plus hautes, supérieures, suivant l'opinion de Tasman, au 45ᵉ parallèle sud.

*
* *

Les discussions sur les terres australes ont été alors reprises et se sont prolongées durant le xviiiᵉ siècle, aussi ardentes, aussi passionnées que précédemment.

Les sujets sont toujours les mêmes : preuves à l'appui de l'existence des terres australes, leur accessibilité, la possibilité de les coloniser et de les exploiter commercialement. On prévoit, en plus, et on cherche à réfuter au xviiiᵉ siècle, les objections qui peuvent naître du froid et des glaces, le littoral septentrional du continent ayant été reporté du 8ᵉ au 45ᵉ parallèle [1].

D'autre part, les expéditions vers les mers australes ont recommencé [2]. Elles ont eu, à cette époque, ces caractères particuliers : que les Français y ont participé en grand nombre, et que les recherches ont été limitées aux mers qui s'étendent entre la Terre de Feu et la Nouvelle-Zélande, vers l'océan Atlantique méridional [3].

[1] M. Rainaud a brièvement exposé (3ᵉ partie, chap. x et xii) les opinions de Riccioli, Varenius, Arias, Roggeveen, écrivains du xviiᵉ siècle, puis celles de Maupertuis, Buffon, de Brosse, écrivains du xviiiᵉ siècle.

[2] Il est à noter que la Compagnie hollandaise des Indes orientales et la Compagnie française des Indes orientales les ont favorisées.

[3] Il n'est question que des expéditions dirigées vers le sud. D'autres expéditions, en effet, comme celle de Bougainville, ont été envoyées vers l'est, pour explorer l'océan Pacifique et chercher les terres précédemment signalées, telles que la terre Saint-Esprit découverte par Queiros et reconnue être une île.

Voir Rainaud, op. cit., 3ᵉ partie, ch. xiv.

Tous les explorateurs, bien qu'ils aient atteint des latitudes variées[1] entre le 45e et le 60e parallèle sud, sont revenus sans avoir rencontré un continent. Plusieurs ont seulement découvert des îles qui conservent leurs noms : l'île Bouvet[2], l'île Marion[3], l'île Crozet[4], l'île Kerguelen[5].

Ces insuccès, infirmant l'hypothèse d'un continent austral, furent contestés par les fervents adeptes de la théorie traditionnelle. Des polémiques très violentes s'élevèrent en France et en Angleterre. C'est pour répondre à une attaque, blessante pour son honneur, qui avait été publiée par Dalrymple, hydrographe en chef de l'Amirauté anglaise, défenseur intransigeant de l'ancienne théorie classique, que le capitaine Cook a entrepris ses célèbres voyages circumpolaires dans l'hémisphère austral[6]. Il avait résolu de démon-

---

[1] Le marchand La Roche a atteint, en 1675, le 55e parallèle. Le savant astronome Halley, qui voyageait principalement pour étudier les variations de l'aiguille aimantée, parvint, en 1700, au 52e parallèle. Le capitaine J. Roggeveen, qui était au service de la Compagnie hollandaise des Indes orientales, a navigué, en 1721, jusqu'au 64e parallèle, au sud du cap Horn. Lozier Bouvet, capitaine au service de la Compagnie française des Indes orientales a atteint, en 1739, le 64e parallèle. Le malouin Duclos Guyot qui voyageait, en 1754, sur un bâtiment espagnol parle d'une île découverte vers le 55e parallèle. Marion, en 1772, parcourait le 46e parallèle et Kerguelen, dans la même année, le 49e parallèle au sud-est du cap de Bonne-Espérance.

[2] Découverte en 1738 par 54° lat. S. et 5° long. E, près du cap de la Circoncision, elle n'a été revue qu'en 1898 par le capitaine Chun, commandant le navire allemand *Valdivia*, qui faisait des recherches océanographiques. Voir *the Geographical Journal*, décembre 1898 et mars 1899.

[3] Elle fait partie des îles du prince Edouard. Elle a été retrouvée par Cook. 47° lat. S. , 38° long. E.

[4] Nommée « Terre de l'Espérance », par Crozet qui voyageait de conserve avec Marion en 1771. 47° lat. S., 52° long. E.

[5] Kerguelen, officier breton, passionné pour les découvertes, avait nommé « France australe » la terre qu'il a vue en 1772. 49° lat. S., 69° long E.

[6] M. Rainaud a raconté le conflit qui avait éclaté entre l'érudit écrivain Dalrymple et le capitaine Cook, marin et hydrographe comme Dalrymple. Il a ensuite longuement exposé les voyages de Cook *(le Continent Austral,* 3e partie, chap. xv).

trer la fausseté des opinions géographiques soutenues par
ses adversaires.

Ayant été chargé de faire des observations astronomiques
dans l'île de Taïti, Cook sollicite et obtient l'autorisation
d'explorer les mers australes. Il franchit le cap Horn, séjourne en 1769 à Taïti qu'il quitte le 30 mars 1770 pour aller
à la Nouvelle-Zélande, terre considérée, depuis qu'elle a été
découverte par Tasman, comme un promontoire du continent austral. Il séjourne dans la Nouvelle-Zélande, du
6 octobre 1769 au 31 mars 1770 ; il suit les côtes, reconnaît
qu'il est en présence d'un archipel et en relève la carte. Il
repart pour l'Angleterre, après s'être assuré que, jusqu'au
48ᵉ parallèle, il n'y a aucun continent dans le voisinage.
Pendant le trajet du retour, il relève la côte orientale [1] de la
Nouvelle-Hollande jusqu'alors inexplorée, traverse le détroit
de Torres et fait escale à Batavia. Il rentre en 1771 à Ply-
mouth par le cap de Bonne-Espérance.

Dans ce premier voyage, Cook avait démontré l'insularité de la Nouvelle-Zélande qui figurait sur toutes les cartes
comme une partie incontestable du continent austral. Mais
cette première victoire remportée sur les géographes, là où
depuis si longtemps ils se croyaient inexpugnables, ne suffi-
sait pas au vindicatif commodore.

Cook entreprend en 1772, avec l'appui du roi Georges III
et le concours du chef de l'Amirauté lord Sandwich, un
second voyage : il projette de faire le tour du pôle en navi-
guant de l'ouest à l'est et en demeurant, le plus possible,
près du 60ᵉ parallèle sud.

Il consacre trois années, du 13 juillet 1772 au 29 juillet
1775, à cette circumnavigation, s'arrêtant chaque année

---

[1] Cook n'a cependant pas constaté que la terre de Van Diemen est une
île. C'est en 1798 que Bass a découvert le détroit qui porte son nom.

pour aller se ravitailler et faire reposer ses équipages dans l'île de Taïti.

Pendant l'été de 1773, il parcourt l'océan Atlantique entre le 46ᵉ et 59ᵉ parallèle, franchit le cercle polaire antarctique, pénètre dans l'océan Indien jusqu'au 69ᵉ parallèle, remonte vers la Nouvelle-Zélande et fait une campagne à l'est de ces îles à la recherche d'un continent quelconque.

Dans l'été de 1774, Cook visite encore une fois la Nouvelle-Zélande et s'enfonce vers le sud, dans l'océan Pacifique jusqu'au 71ᵉ parallèle par 106° long. O. Il termine sa croisière en revenant plus au nord afin de retrouver les îles Marquises découvertes par les navigateurs antérieurs.

Il quitte Taïti[1] en novembre 1774, explore les îles Hébrides où Queiros avait placé la terre Saint-Esprit, découvre la Nouvelle-Calédonie, et se hâte d'achever le périple de l'hémisphère austral en se dirigeant vers le cap Horn qu'il double en décembre 1774. Il termine la campagne de ce troisième été, année 1775, en faisant une demi-croisière dans l'océan Atlantique où il découvre les îles Sandwich[2] et retrouve l'île signalée par La Roche en 1675 à laquelle il donne le nom de « Georgie du Sud ».

Le vaillant et heureux explorateur, rentrant à Londres en juillet 1775[3], a pu affirmer, après ces consciencieuses et dangereuses recherches dans les trois océans qui enveloppent le pôle austral, l'absence de tout continent entre le 46ᵉ et le 60ᵉ parallèle.

[1] Il était entré dans la baie de Matavai (Taïti), le 22 avril 1774, pour hiverner.

[2] Les îles Sandwich, ainsi nommées en souvenir de lord Sandwich, parurent au capitaine Cook être à la limite des terres méridionales accessibles ; de là le nom de « Thule du Sud » sous lequel il désigne l'île qu'il a abordée et signalée.

[3] L'année suivante, en 1776, Cook retourna dans l'océan Atlantique. Il y fit la carte de l'île de Kerguelen et retrouva l'île Marion dans l'archipel qu'il nomma les îles du « prince Edouard ».

Tel a été le résultat du voyage circumpolaire qu'on peut nommer la première « expédition scientifique » au pôle Sud, puisque Cook était accompagné de deux astronomes, Wales et Benty, et de deux naturalistes, Forster père et fils.

Après cette démonstration expérimentale, l'hypothèse du riche et immense continent austral, que les géographes avec leur imagination enthousiaste avaient dénommé l'« Inde méridonale », n'était plus soutenable.

Mais de même que Tasman, après avoir prouvé qu'il n'existait pas de continent voisin de l'Afrique et de l'Amérique entre l'équateur et le 40ᵉ parallèle sud, avait admis l'existence d'une terre australe ; de même Cook, en même temps qu'il ruinait l'hypothèse ancienne du continent austral, s'est déclaré partisan d'une terre voisine du pôle qu'il nomme l'« Antarctide ». Les grandes glaces flottantes et, suivant lui, d'origine terrestre, les froids excessifs, le grand nombre des grandes îles circumpolaires, telles étaient les observations qui lui avaient donné cette conviction[1].

A la fin du XVIIIᵉ siècle, l'hypothèse d'une « antarctide » succédait donc à l'hypothèse d'un continent austral.

Mais Cook ne se faisait aucune illusion. En exprimant une opinion favorable à l'existence d'une terre Antarctique, il a déclaré en même temps qu'elle ne pouvait être qu'une terre horrible et sauvage et qu'elle ne serait jamais découverte parce qu'aucun navigateur ne triompherait des brumes épaisses, des tempêtes de neige, du froid, des banquises et des autres périls qui en défendent l'accès.

---

[1] James Cook, *Voyages towards the South Pole and round the World*, London, 1777.

La carte de la « région polaire antarctique », publiée par Hachette et Cⁱᵉ, dans l'atlas universel de Vivien-Saint-Martin, contient le tracé des itinéraires de Cook, de Kerguelen et de Marion.

CHAPITRE II

L'ANTARCTIDE [1]

XIXe SIÈCLE

Durant le XIXe siècle une terre australe est aperçue, et même abordée en trois
points différents, par plusieurs navigateurs : leurs découvertes, apparitions
ou débarquements, jalonnent le contour septentrional de cette « Antarc-
tide ».
Expédition officielle russe. Bellingshausen.
Voyages des capitaines baleiniers Weddell, Biscoe, Ballény.
Expéditions officielles française, américaine, anglaise : Dumont d'Urville, Wilkes,
James Ross.
Voyages à la fin du siècle des baleiniers Robertson, Evenson, Larsen.

Réduit dans ses dimensions, déclaré inaccesible et inhabitable, le nouveau continent austral, désigné sous le nom
d'*Antarctide*, n'a pas eu de prestige. Il n'a plus été question,
après le voyage de Cook, d'aller à sa recherche ; et les mers
australes n'ont plus été visitées que par de rares navires, la
plupart américains, armés pour la pêche de la baleine, de
l'otarie (lion marin) et du phoque.

---

[1] Un savant allemand, le Dr Fricker, a publié une histoire de l'Antarctide au XIXe siècle : *Antarktis*, Berlin, Schall, 1898. L'auteur raconte les
voyages les plus importants qui ont eu lieu vers le pôle Sud depuis la fin
du XVIIIe siècle, puis expose les résultats de ces expéditions donnant une
notice des îles et des terres découvertes. Il termine en appréciant les
notions que l'on possède à la fin du XIXe siècle sur l'Antarctide.

Ce travail très remarquable par l'érudition de l'auteur et l'exactitude
des récits a été traduit en anglais sous le titre : *the Antarctic Region*,
translated by Sonnenschein, London, 1900.

Une traduction française est annoncée : elle sera faite par M. Fernand
Rivière, membre distingué de la Société de géographie commerciale de
Paris.

Cook avait signalé une grande affluence de cétacés dans les parages de l'île de la Georgie du Sud.

En 1819, cependant, le czar Alexandre Ier donne à l'un des officiers de la marine russe, le capitaine Fabian Gottlieb de Bellingshausen, la mission d'aller faire des découvertes dans les mers polaires antarctiques, et de répéter, si possible, le voyage circumpolaire de Cook.

Bellingshausen part de Cronstadt le 3 juillet 1819 avec deux frégates, le *Vostok* (l'Orient) et le *Mirny* (le Pacifique [1]). Il se dirige vers la Georgie du Sud, qu'il visite en décembre, puis vers les îles Sandwich du Sud. Le 3 janvier 1820, il aperçoit [2], par 56° lat. S. et 27° long. O., trois îles, au nord des Sandwich, dont une est un volcan : il les nomme îles *Traversey* [3].

Poursuivant sa croisière vers l'est entre le 60e et le 69° parallèle, et luttant contre les glaces qui lui barrent la route du sud, Bellingshausen se trouve : le 28 janvier, par 69° lat. S. et 2° long. O. ; le 2 février, par 66° lat. S. et 1° long. O ; atteint en mars le 40e méridien E., et, ne pouvant aller plus au sud, — se décide à clore cette première campagne en hivernant à Port Jackson, dans la Nouvelle-Galles du Sud, d'où il explore le groupe des îles Paumatou.

Le 1er décembre 1820, il remet à la voile. Il commence à lutter contre les glaces le 10 décembre, par 62° lat. S. et 164° long. E. Il est, le 26 décembre, par 67° lat. S. et 161° long. O. ; le 13 janvier 1821, par 67° lat. et 120° long. O. ;

---

[1] Le *Mirny* était commandé par le capitaine Lazarem. Bellingshausen avait son pavillon sur le *Vostok*. Les deux bâtiments voyagèrent de conserve et ne se quittèrent pas.

[2] Voir : Fricker, *Antarcktis*, p. 37. La première île renfermant le volcan reçoit le nom *Sawadoski*. Le groupe des Sandwich s'étend du 57e parallèle (île *Lichness*) au 59e (île *Sud-Thule*) par 26° et 27° long. O.

[3] Nom du ministre de la marine russe en 1819.

le 22 janvier, par 69° lat. S. et 90° long. O.¹. Le 23 janvier, il découvre une île très haute, qu'il nomme île *Pierre I*ᵉʳ, par 68° lat. S. et 90° long. O. ; le 29 janvier, un promontoire élevé et un massif de montagnes couvertes de glace apparaissent par 68° lat. S. et 73° long. O., mais à une distance de 75 kilomètres : à ce massif de glace dont il ne peut approcher, Bellinsghausen donne le nom de terre *Alexandre I*ᵉʳ.

Le hardi marin, qui a traversé sept fois le cercle polaire, achève son voyage en rentrant par le cap Horn. Il rencontre près de l'île des États le capitaine baleinier anglais Palmer, et apprend que la découverte des pêcheries des îles Shetland a déterminé un afflux considérable de bateaux pêcheurs de toutes nations. Il est de retour à Cronstadt en juillet 1821.

⁂

Le voyage circumpolaire de Bellingshausen et ses découvertes excitèrent une vive émotion en Europe et ramenèrent l'attention des savants vers le pôle austral.

En même temps, la curiosité publique était éveillée par les récits des expéditions des bateaux de pêche envoyés dans les mers du Sud. Ces expéditions étaient devenues très nombreuses depuis que le capitaine baleinier Smith avait signalé une grande abondance de cétacés, près des îles Shetland C'était au cours d'un voyage de la Plata à Valparaiso que Smith, en août 1819, entraîné vers le sud par une violente tempête, avait abordé une côte inconnue, par 62° lat. S. et 60° long. O. : il lui avait donné le nom de *Nouvelle Shetland*. De retour à Valparaiso, il avait annoncé sa découverte au capitaine de la frégate anglaise stationnaire

¹ Cook, en 1774, avait atteint le 71ᵉ parallèle par 106° long. O. dans l'océan Pacifique et avait cru apercevoir une terre.

Andromaque, et celui-ci avait délégué un de ses officiers, Brausfield, pour contrôler l'existence de ces îles fortunées.

La nouvelle de la bonne aubaine avait été vite connue des armateurs, et, à dater de 1820, des bateaux américains[1], anglais, suédois, avaient mis une grande animation dans le voisinage de la Terre de Feu. Les capitaines, ayant toute liberté d'action, s'élancèrent à l'aventure dans ces régions inexplorées. Acharnés à la poursuite de leur proie, ils pénétrèrent dans les canaux de l'archipel Fuégien, dans l'océan Atlantique à l'est, dans l'océan Pacifique à l'ouest. Leur souci fut d'alimenter le commerce toujours grandissant des huiles, des fourrures et des peaux que les phoques et les baleinoptères pouvaient fournir. Si, entraînés par les tempêtes et les courants, ils ont découvert une terre, ils n'y ont pris intérêt qu'en raison des abris qu'elle pouvait offrir et des poissons qui animaient les plages : les recherches scientifiques leur demeurèrent étrangères. La terre aperçue et le détroit parcouru furent désignés le plus souvent sous le nom du capitaine qui les avait signalés le premier dans son livre de bord. Ainsi, par exemple, furent inscrites sur les cartes, avec la réserve de description future plus complète et d'une position géographique scientifiquement déterminée : les îles Sud Shetland, dont une seule avait été vue, en 1819, par Smith ; les îles Orkneys, Washington, Elisabeth et la terre de Palmer signalées en 1820 et 1821 par Powell et Palmer ; la baie de Hughes indiquée, en 1821, par Hoseason.

---

[1] Un érudit Américain, M. Edwin Swift Balk, a publié sous ce titre : *Antarctica*, Philadelphie, 1902, une histoire de l'Antarctide. Il a, dans le premier chapitre, raconté les expéditions australes antérieures au xixe siècle. Dans le second chapitre il a présenté, avec des détails puisés aux sources officielles, le récit des explorations faites de 1800 à 1840, insistant sur le rôle joué par les Américains dans les découvertes dues aux baleiniers durant cette première moitié du xixe siècle. Dans le troisième chapitre, l'auteur expose l'histoire de l'Antarctide de 1840 à 1900.

Il n'en est pas moins certain que ces indications, incomplètes il est vrai, ont été très précieuses, et que le Géographe a rapidement progressé, grâce au concours des capitaines de la marine marchande. Sans eux, les cartographes auraient probablement attendu pendant des siècles l'énumération et la topographie des nombreuses îles dont se composent les archipels de la Terre de Feu, des Shetland, des Orkneys et des Sandwich.

Parmi les capitaines baleiniers qui ont, dans la première moitié du XIXe siècle, fourni des éléments à l'histoire de l'Antarctide, trois méritent une mention particulière à raison de l'importance et de l'autorité des documents : ce sont Weddell, Biscoe et Ballény.

Weddell[1], en effet, a déclaré que le 18 février 1823, par 72° lat. S., après avoir réussi à traverser les glaces, il avait vu une mer libre ; qu'il y était entré et avait, sans aucun obstacle, le 20 février, atteint le 74° lat. S., par 34° long. O.; qu'il n'avait pas aperçu de terre et aurait pu continuer sa route vers le sud s'il n'avait été arrêté par le manque de provisions et par le scorbut qui décimait son équipage très restreint.

Cette mer libre, par laquelle il serait facile d'atteindre les plus hautes altitudes vers le sud, est demeurée le cauchemar des explorateurs du pôle austral. Weddell l'avait dénommée « mer de Georges IV », mais elle est désignée sur toutes les cartes sous le nom de l'intrépide baleinier.

Plusieurs fois, durant les années précédentes, Weddell

---

[1] J. Weddell, *A voyage towards the South Pole*, 1822-1824. Ce récit a été publié en 1825. Le baleinier, en partant le 17 septembre 1822 avec les deux petits navires le brick *Jane* et le cutter *Beaufoy*, avait choisi les îles Orkneys pour lieu de pêche. (Il naviguait, en effet, régulièrement entre les Falklands, les Shetland, les Orkneys et la Georgie du Sud.) Il était de retour aux îles Falklands en janvier 1824, et rentrait à Londres en juillet 1824 après escale à Montevideo.

avait essayé de franchir le « pack » pour aller vers le sud.
Il avait, en effet, l'habitude de venir pêcher les phoques dans
la partie la plus méridionale de l'océan Atlantique. Il a
laissé des notes intéressantes sur les explorations qu'il a faites
des archipels devenus célèbres dans le nord-ouest de l'Antarctide[1].

*
* *

Biscoe, plus favorisé que Weddell, a vu le continent austral et a placé deux jalons sur son littoral : l'un, à l'est, vers
l'océan Indien, et l'autre, au nord-ouest, vers l'océan
Pacifique.

Il était parti[2] de Londres le 14 juillet 1830, avait fait escale
aux îles Falklands qu'il quittait le 27 novembre pour aller
aux îles Sandwich. Il s'était, ensuite, dirigé vers l'est en
suivant le 60e parallèle. Luttant contre le vent et les courants,
il avait franchi le 1er février le 13° long. E. et atteignait le
66e parallèle vers 43° long. E., lorsqu'il avait aperçu un mur
de glace d'une étendue considérable. La terre lui était
apparue le 27 février 1831, au 49° long. E., par 66° lat. S.,
sous forme d'un massif de glace au milieu duquel se distin-
guait un sommet montagneux dépourvu de neige ; mais il
avait été impossible de l'aborder. Biscoe l'avait nommé terre
« Enderby[3] ».

Tel a été le premier jalon acquis pour les cartographes sur
le littoral de l'Antarctide du côté est.

---

[1] M. Fricker, dans les quelques pages qu'il consacre à Weddell, lui rend
pleine justice (Antarcktis, p. 41 et suiv.)

[2] Il avait sous son commandement un brick Tula et un cutter Lively.

[3] En souvenir de MM. Enderby frères, armateurs à Londres, pour lesquels
Biscoe voyageait. Biscoe émettait l'opinion que la côte à l'ouest de la terre
d'Enderby s'infléchissait jusqu'au 69° S.

Dans la croisière suivante, Biscoe, après avoir hiverné dans la Tasmanie, à Hobbart-Town, avait résolu d'achever un voyage circumpolaire. Il était parti pour la Nouvelle-Zélande le 20 octobre 1831, et avait atteint, tout en chassant les phoques, en janvier 1832, le 60ᵉ parallèle par 137° long. O., et en février le 66ᵉ parallèle par 81° long. O. C'est le 15 février 1832 qu'il découvrait une île, par 67° lat. S. et 68° long. O., à laquelle il a donné le nom d'« Adelaïde ». Peu après, il avait reconnu qu'elle se rattachait à une série d'autres petites îles (îles Biscoe) ; et presqu'en face de celles-ci lui apparaissait le 21 février 1832, par 64° lat. S. et 68° long. O. un très grand massif montagneux auquel il donnait le nom de « terre de Graham [1] ».

Cette découverte avait une grande importance parce que la terre de Graham devenait un lien entre la terre d'Alexandre au sud et la terre de Palmer au nord

Les géographes avaient, désormais, les indices d'une côte assez étendue, pour pouvoir reprendre confiance dans l'existence d'un continent austral.

Aussi le voyage du capitaine Biscoe eut un très grand retentissement. La Société royale de géographie de Londres et la Société de géographie de Paris accordèrent au vaillant explorateur leurs plus hautes récompenses. L'opportunité d'envoyer des expéditions scientifiques dans les mers australes fut mise en discussion.

Déjà le gouvernement de la Restauration avait envoyé dans l'Océanie des missions scientifiques ; et de remarquables travaux d'hydrographie avaient été effectués par des marins français.

---

[1] Les deux plus hautes montagnes apparues furent dénommées mont *William* et mont *Moverby*.

Voir *Journal of the royal geog. Society*, année 1833, p. 105-112.

Voir aussi *the Antarctic Manual*, publié par Murray en 1901, le journal du bord de Biscoe y est reproduit.

Le gouvernement des Etats-Unis, suivant les mêmes erre-
ments, organisait l'envoi d'une flotille dans l'océan Pacifique pour explorer les îles qui avoisinent le littoral occidental de l'Amérique, lorsque les résultats du voyage de
Biscoe furent annoncés. Il fut immédiatement décidé que le
commandant de l'expédition aurait également la mission de
faire, si possible, des découvertes dans les régions polaires
australes.

En France, le capitaine Dumont d'Urville s'efforçait d'ex-
citer l'amour-propre du gouvernement de Juillet. Il avait
de 1819 à 1829 effectué plusieurs voyages dans différentes
parties du monde et avait rapporté d'importants documents
pour l'hydrographie, les sciences naturelles et le commerce ;
et il avait préparé un projet d'exploration des îles de la
Polynésie. Etant sur le point de partir, il obtint qu'une
excursion vers le pôle austral figurât dans le programme.

Le départ des bâtiments français et des bâtiments américains avait eu lieu lorsque le récit des découvertes faites
dans l'Antarctide par le capitaine baleinier Ballény fut com-
muniqué à la Société royale de géographie de Londres[1],

Cés découvertes ont inscrit le nom de Ballény sur la côte
orientale de l'Antarctide[2] et sont devenues des points de
repère pour les navigateurs.

---

[1] Ce sont MM. Enderby, armateurs pour lesquels Ballény voyageait,
qui remirent à la Société de géographie de Londres le journal du capitaine.
Après le succès de Biscoe, qui voyageait également pour leur maison de
commerce, MM. Enderby avaient encouragé leurs capitaines baleiniers à
s'occuper de découvertes et d'observations scientifiques.

Le journal du bord de Ballény a été publié dans the Antarctic
Manual, Murray, London, 1901, qui est une précieuse encyclopédie de
documents.

[2] On trouve sur cette même côte le nom de Kemp : c'est celui d'un baleinier anglais qui déclara qu'en 1833 une terre lui était apparue par 66° lat.
S. et 59° long. E. Cette déclaration fut acceptée par l'Amirauté anglaise,
bien que le fait fût douteux.

Ballény avait quitté Londres[1] le 6 juillet 1838 ayant sous son commandement un shooner *Eliza Scott* et un cutter *Sabrina*[2]. Son projet était de pousser sa croisière de pêche le plus à l'est dans la partie du sud de l'océan Indien. Il fit escale à Port Sud (île Chalky de la Nouvelle-Zélande), puis dans l'île Campbell, et atteignit, le 27 janvier 1839, le point extrême de sa course vers le sud 178° long. E. et 66° lat. S. Revenant vers le nord, il se trouvait le 1er février par 172° long. et 69° lat. S.; le 6 février, il découvrait un groupe de cinq îles couvertes de neige qu'il a pu examiner de près et décrire (l'île centrale est située sous le 66° lat. S. par 163° long. E.). Ces îles sont désignées sur la carte sous le nom[3] de « Ballény »; l'une d'elles renferme un volcan en activité, et toutes ont le caractère d'une origine volcanique. Enfin, le 3 mars il apercevait, par 64° lat. S. et 118° long. E., une terre qu'il nomma « Sabrina », mais dont une violente tempête l'empêcha d'approcher.

Ballény avait ensuite atteint le 14 mars 100° long. E. par 60° lat. S., mais en luttant très difficilement contre les glaces et les ouragans.

Il était de retour à Londres le 17 septembre 1839.

Le voyage de Ballény est le dernier brillant épisode que la marine marchande, durant cette période de vingt années (1819-1839), glorieuse pour elle, ait fourni à l'histoire de l'Antarctide.

Le célèbre capitaine baleinier a assisté au départ de l'expédition anglaise qui, sous la direction du commandant James Ross allait lutter avec les expéditions française et

---

[1] Un récit abrégé du voyage de Ballény a paru dans le *Journal of the royal geographical Society*, 1839.

[2] Le cutter était commandé par le capitaine Freemann.

[3] Ballény ne les avait pas dénommées et s'était borné à donner à la plus haute des montagnes aperçues le nom de « Freemann », en souvenir de son compagnon de route, le commandant du cutter *Sabrina*.

américaine pour la conquête des terres australes. Ce sont, pendant les années suivantes, les marines de guerre des grandes puissances maritimes qui vont occuper la scène.

Les bâtiments à grandes voilures et à nombreux équipages apportèrent des documents géographiques plus précis. mais ils ne sauraient faire oublier les petits navires baleiniers qui ont été leurs précurseurs dans la découverte de l'Antarctide.

*
* *

L'expédition française est la première qui ait apparu dans les mers australes. Elle avait été organisée et outillée pour une campagne de trois années qui devaient être employées en recherches scientifiques dans l'océan Pacifique ; et c'est à la dernière heure que, sur la demande du roi Louis-Philippe, l'autorisation a été donnée au commandant, depuis amiral, Dumont d'Urville de faire une courte excursion vers la mer libre découverte récemment par Weddell et vers la terre de Graham signalée par Biscoe.

Dumont d'Urville part de Toulon en septembre 1837 avec deux frégates qui doivent voyager de conserve l'*Astrolabe* et la *Zélée*[1] (cette dernière commandée par le capitaine, depuis amiral, Jacquinot). Il fait route directement vers la mer de Weddell. De la fin de janvier 1838 à la fin de février, il explore, faisant plusieurs débarquements, l'archipel des Orkneys (notamment les îles Weddell, Coronation et Laurie), l'archipel des Shetland[2] (notamment les îles Eléphant, Bridgemann, Déception). Ne pouvant pas, à cause des

---

[1] Le voyage a été publié, après la mort de l'amiral Dumont d'Urville, à l'aide des documents qu'il avait fournis et avec des annotations complémentaires : Dumont d'Urville, *Voyage au pôle Sud et dans l'Océanie*, 14 volumes, Paris, 1841-1854 .

[2] Voir dans Fricker, *Antarcktis*, p. 118 à 132, la description des archipels des Orkneys et des Shetland du sud.

glaces, pénétrer au delà du 63ᵉ parallèle sud par 42° long. O.,
il va au nord-ouest vers la baie de Hughes. Du 27 février au
4 mars 1838, favorisé par quelques jours calmes et clairs,
Dumont d'Urville découvre une terre peu élevée, 63° lat. S.
et 59° long. O. qu'il nomme « Joinville », une autre terre
présentant de hautes montagnes couvertes de neige qu'il
nomme « Louis-Philippe », un canal conduisant à la baie
Hughes qu'il nomme canal « d'Orléans », enfin deux petites
îles qu'il nomme « Rosamel » et « Astrolabe ».

La terre Louis-Philippe a été abordée ; elle a été cotoyée
sur une grande étendue. La première des montagnes qui
commence la chaîne, montagne ronde apparaissant comme
une carapace de glace, a été nommée mont « Bransfield[1] » ;
deux pitons élevés ont reçu les noms de Dumont d'Urville et
de Jacquinot Plusieurs coulées de glace descendant jusqu'à la mer apparaissent au milieu des montagnes.

La terre Louis-Philippe est donc la première côte de
l'Antarctide qui ait été examinée de près et décrite.

Les brouillards et les mauvais temps qui ont souvent con-
trarié l'excursion de Dumont d'Urville réapparaissent le
4 mars et découragent le commandant de poursuivre ces
recherches[2]. Il se dirige vers l'Océanie où il passe la fin de
l'année 1838 puis l'année 1839 entière.

En 1840, à la fin de sa mission, Dumont d'Urville veut
revoir l'Antarctide. Il n'y est pas autorisé et il est dans de
mauvaises conditions ; mais il « compte sur sa bonne
étoile[3] ».

---

[1] C'est le nom de l'officier anglais qui avait, en 1820, été désigné pour
reconnaître les îles Shetland dont le capitaine baleinier Smith annonçait
la découverte.

[2] Le récit de cette première campagne dans les mers australes forme le
chapitre xv du second volume, *Voyage au pôle Sud et dans l'Océanie*.

[3] C'est ainsi qu'il répondit aux objections qui lui étaient faites. Il était
très souffrant, il avait, des équipages découragés et décimés par le scorbut,

Il venait d'explorer la Nouvelle-Zélande et les îles Chatham (découvertes en 1771 par Brighton) ; il était en décembre 1839 à Hobbart-Town : il se dirige donc vers la côte orientale qui, d'après les cartes, avait été aperçue par Biscoe et par Kemp.

Le 18 janvier 1840, les frégates rencontrent les glaces flottantes. Le 22 janvier, par 68° lat. S. et 138° long. E. une terre couverte de neige leur apparaît. Elle est haute de 900 à 1000 mètres et ne présente aucune sinuosité. Elle ressemble à une grande plaine çà et là ravinée. Elle est nommée terre « Adélie [1] ». En avant elle est défendue par de nombreux récifs et îlots qui s'étendent jusqu'à 500 mètres dans la mer.

Le commandant, le vent étant favorable, n'hésite pas à traverser la banquise et à s'aventurer au milieu de ces récifs. Il côtoie le littoral dont il fait le relevé [2], et réussit à aborder un des îlots où le rocher est à nu, et à y élever un drapeau tricolore, afin de prendre possession d'une terre sur laquelle il ne réussit pas à débarquer. Mais, pendant qu'il fait cette reconnaissance, une épouvantable tempête survient, et les bâtiments emportés à la dérive avec la banquise échappent à grand'peine au naufrage.

Le 30 janvier [3] Dumont d'Urville, après une lutte terrible avec le « pack » pour ne pas s'éloigner des côtes, s'approche par 64° lat. S. et 133° long. E. d'une très longue muraille de glace aperçue déjà auparavant. Elle est haute de

et il avait pu constater dans la première campagne de 1838 que ses bâtiments n'avaient pas été armés pour lutter contre les glaces.

[1] En souvenir de Mme Dumont d'Urville.

[2] La carte est reproduite dans le tome VIII du *Voyage au pôle Sud et dans l'Océanie*, où se trouve le récit des péripéties et des dangers de cette expédition. Il faut remarquer sur cette carte, parmi les caps et les baies, le cap de la « Découverte », la « pointe Géologie », la « baie des Ravines ».

[3] Le 28 janvier, Dumont d'Urville rencontra près de la terre Adélie deux navires américains faisant partie de l'escadre du commandant Wilkes.

4o mètres environ, horizontale sur le sommet, et verticale
du côté de la mer. Dumont d'Urville, supposant qu'elle s'ap-
puie en arrière contre la terre ferme, donne à cette partie du
littoral qu'il côtoie pendant plus de 100 kilomètres le nom
de « terre Clarie [1] ».

Le temps devenant très mauvais et l'époque fixée pour le
retour en France étant prochaine, Dumont d'Urville arrête
sa croisière qui a duré à peine un mois. Il rentre à Hobbart-
Town le 17 février 1840.

Les difficultés de la navigation et la rapidité de la course
ont empêché le commandant Dumont d'Urville d'exécuter les
recherches scientifiques qu'il avait projetées. On rencontre
cependant çà et là, soit dans le récit du voyage, soit dans les
notes annexées [2], un certain nombre d'observations recueillies sur la faune terrestre, sur la faune marine, sur les glaces
et sur la météorologie. Mais les régions polaires sont à peine
représentées dans les collections dont Dumont d'Urville a
enrichi les musées de Paris.

Quelque courtes et incomplètes qu'aient été les deux explorations australes, faites incidemment et sans préparation,
l'éminent marin français leur doit l'honneur d'avoir, le premier, foulé le sol de l'Antarctide et fourni des preuves
incontestables de l'existence de ce continent austral.

En 1838, il a fixé la position géographique de la péninsule qui termine l'Antarctide au nord-ouest vers l'Amérique.
La terre Louis-Philippe et l'île Joinville, désormais classées,
avaient été probablement aperçues par quelques baleiniers,
mais aucune carte n'en portait mention.

En 1840, Dumont d'Urville a découvert une longue éten-

---

[1] En souvenir de Mme Jacquinot.
[2] Tous les documents concernant les deux expéditions de Dumont d'Urville vers le pôle Sud sont réunis dans les volumes II et VIII, *Voyage au
pôle Sud et dans l'Océanie*, Paris, 1841 à 1854.

due du littoral oriental, il s'en est approché et l'a décrite.
Par lui on a appris combien est varié l'aspect des côtes de
l'Antarctide, hautes montagnes et glaciers à l'ouest sur la
terre Louis-Philippe, à l'est, alternances de plateaux peu
élevés couverts de névé avec des murailles de glace descendant verticalement dans la mer.

★
★ ★

Par une coïncidence, pour ainsi dire inévitable, l'expédition américaine a suivi la même route que l'expédition française avait parcourue. En Amérique, en effet, de même qu'en
France, ce sont les découvertes de Weddell et de Biscoe qui
avaient ramené l'attention publique vers le pôle austral. Le
gouvernement des Etats-Unis ayant décidé que les navires
destinés à effectuer des travaux d'hydrographie dans l'océan
Pacifique feraient des excursions dans les mers australes, le
lieutenant Wilkes, chargé du commandement de cette petite
escadre [1], songea de suite, comme Dumont d'Urville, à
visiter les parages où les célèbres baleiniers anglais avaient
été si favorisés.

Bien que l'expédition eût été résolue en 1836, Wilkes ne
put pas se mettre en route avant février 1839. Ses navires
étaient réunis dans le port d'Orange (Terre de Feu). Il envoya
le *Peacock* et le *Flying-Fish* vers l'océan Pacifique [2] pour
explorer les terres de Graham et d'Alexandre Ier. Il dirigea
le *Porpoise* dont il prit commandement et le *Sea-Gull*
vers les îles Shetland et la mer de Weddell. Le 3 mars, il

---

[1] Cinq navires avaient été mis sous la direction de Wilkes, un brick
Porpoise dont il prit le commandement, deux sloops, *Vincennes* et *Peacock*,
deux shooners, *Sea-Gull* et *Flying-Fish*.

[2] Le *Flying-Fish* atteignit 105° long. O. par 67° lat. S. le 18 mars, et
100° long. O. par 70° lat. S. le 23 mars. Il rentra au port d'Orange en septembre sans incident notable.

aperçut la terre Louis-Philippe . Mais les brouillards étant
survenus, il quitta ces parages, trop souvent visités et dès
lors peu intéressants, et regagna Port-Orange[1]. Il avait hâte
de commencer les opérations d'hydrographie des archipels
qui avoisinent l'Amérique dans l'océan Pacifique.

Wilkes employa l'année 1839 à ces travaux qui lui ont
acquis une grande réputation. Puis, étant libre de choisir le
moment propice pour les excursions dans les mers australes,
il fit ses préparatifs sans plus tarder, de manière à se trouver
en janvier 1840 sur les côtes orientales de l'Antarctide.

Il partit de Sydney le 27 décembre 1839, pour cette
seconde campagne australe, avec quatre navires [2] : il avait
mis son pavillon sur le *Vincennes*.

Près des îles Macquarie, par 57°, lat. S. et 62° long. E., le
Flying-Fish commandé par le lieutenant Ringgold fut séparé
de la petite flotte : Wilkes ne le revit plus qu'à son retour
à Sidney. Les trois autres navires entrèrent dans le « pack »
par 64° lat. S. et 164° long. E. ; et ils aperçurent tous trois
le 16 janvier 1840 une terre par 66° lat. S. et 157° long. E.

Quelques jours plus tard, le 23 janvier, par 65° lat. S. et
151° long. E. le *Peacock* fut obligé, à raison d'une avarie, de
retourner en Australie. Deux seuls navires, le *Vincennes* et
le *Porpoise* continuèrent à longer la côte. Mais ils ne purent
pas à cause de leur différence d'allure, maintenir leur union
comme les frégates françaises l'*Astrolabe* et la *Zélée* l'avaient

---

Le *Peacock* était le 20 mars près de l'île « Pierre Ier » par 68° lat. S. et
90° long. O. et le 25 mars par 68° lat. S. et 97° long. O. où il rencontra le
Flying-Fish. Il rentra en septembre au Chili.

[1] Le *Sea-Gull* qui s'était séparé du *Porpoise* rentrait également à Port
Orange le 22 mars. Il avait séjourné une semaine dans l'île « Déception »
par ordre de Wilkes.

[2] Le *Sea-Gull* avait péri. Le *Porpoise* avait le lieutenant Ringgold comme
commandant; le *Peacock* le commandant Hudson; le *Flying-Fish* le lieutenant Pinkney.

pu faire. Ils se séparèrent, et se rencontrèrent une seule fois
le 30 janvier. A dater du 2 février, jour où Wilkes était par
66° lat. S. et 137° long. E. jusqu'au 20 février, jour où il réso-
lut de repartir pour Sidney se trouvant par 62° lat. S. et 102°
long. E., le chef de l'expédition vogua seul[1].

Durant ce mois de navigation sans relâche, le littoral
de l'Antarctide fut plusieurs fois aperçu [2], soit par l'un, soit
par l'autre des officiers américains. Wilkes accepta, comme
incontestables, toutes les déclarations, et inscrivit sur la
carte de l'Antarctide tous les points (baies, promontoires et
terres) souvent vus de très loin et très peu distinctement qui
lui furent signalés.

C'est : au 19 janvier, la baie de « Peacock » par 66° lat. S.
et 154° long. E. ; au 23 janvier, la baie du « Désappointe-
ment » par 67° lat. S. et 157° long. E. ; au 30 janvier, la baie
de « Piners » par 66° lat. S. et 140° long. E. ; au 2 février, la
baie de « Porpoise » par 65° lat. S. et 130° long.E .

C'est, parmi les promontoires : le cap « Carr » vu par
Wilkes le 7 février par 77° lat. et 131° long. à l'extrémité de
la terre Clarie.

Ce sont, parmi les terres : la terre « Norths highland »
découverte par Wilkes le 8 février par 65° lat. S. et 127°
long. E. puis la terre « Budd's » aperçue le 12 février par
65° lat. S. et 112° long. E.

Il n'y a qu'une seule terre dont l'apparition soit signalée
comme douteuse par Wilkes, c'est celle qu'il nomme « Termination » et qu'il croit avoir vue le 17 février 1840 par 64°
lat. S. et 97° long. E.

[1] Le *Porpoise*, après avoir pénétré le 2 février dans une baie qu'il découvre
à l'extrémité de la terre Clarie et qui reçoit son nom, est éloigné par
une tempête ; il ne peut plus franchir les glaces qui le séparent du littoral.
Le 10 février il se trouve par 65° lat. S. et 110° long. E. : le 21 février il est
par 63° lat. S. et 121° long. E. Il se décide alors à retourner à Sidney.

[2] M. Fricker a fait la carte de ces apparitions *(Antarcktis,* p. 164).

Ainsi Wilkes demeurait convaincu que les seules lacunes devaient provenir des journées où soit des tempêtes de neige, soit des brouillards avaient caché à la vue le littoral, et que des terres sans discontinuité, existant entre le 157° long. E. et le 97° long. E. par 65° et 66° lat. S., avaient été côtoyées par ses navires. De retour en Amérique, il n'hésita pas à déclarer, dans un récit fait à l'Institut de Washington le 20 juin 1842, qu'il avait découvert le continent Austral et avait côtoyé plus de 2.800 kilomètres de son littoral oriental [1]. Il en a écrit la description.

Depuis cette époque, les cartographes désignent sous le nom de « Terre de Wilkes » toute la partie orientale de l'Antarctide, s'étendant du 157° au 97° long. E. ; mais il est bien entendu qu'il s'agit seulement des côtes, car Wilkes n'a abordé en aucun endroit et n'a rien vu de l'intérieur de la contrée [2].

Wilkes n'avait pas voulu, cela va sans dire, effacer les noms de Dumont d'Urville, de Ballény et de Knox : il leur apportait, au contraire, l'autorité de son témoignage.

Il a longuement examiné, du 27 janvier au 6 février, la terre Adélie et la terre Clarie, complétant la description que Dumont d'Urville en a faite : ainsi il a, notamment, reconnu la baie « Piners » qui précède la terre Adélie, le cap « Carr » qui termine la terre Clarie, et le retour de la côte vers le sud après ce promontoire.

---

[1] Les voyages de Wilkes dans l'Océanie et dans les mers australes ont été publiés sous le titre : *Wilkes United States exploring Expedition,* 5 volumes, 1845.

Des fragments du voyage de Wilkes ont été publiés dans *the Antarctic Manual,* London, 1901.

M. Edwin Swift Balk dans son ouvrage *Antarctica,* Philadelphie, 1902, a insisté sur les rapports faits par Wilkes et sur la créance qu'ils méritent.

[2] M. Fricker a donné, d'après les documents de Wilkes, des détails sur les baies, les caps, les terres, qui sont compris dans le littoral. (*Antarcktis,* p. 163-172, das Wilkes Land.)

Il a identifié avec la terre Sabrina, découverte par
Ballény en 1839, le massif montagneux qu'il a vu le
10 février 1840 par 65° lat. S. et 122° long. E., « Totten-
highland ».

Il a conservé le nom de Knox à la terre vue le 13 février
par 65° lat. S. et 106° long. E., au point où le capitaine
baleinier Knox avait eu l'apparition d'une terre.

Il faudrait que le célèbre commandant américain eût à
son tour cette chance que ses découvertes et ses affirmations
fussent contrôlées par de nouveaux navigateurs.

Toutefois, en élaguant les apparitions douteuses, il reste
assez de renseignements certains pour que l'on puisse
accorder à l'expédition si courte de Wilkes le précieux
résultat d'avoir confirmé la physionomie du littoral oriental
de l'Antarctide, telle que Dumont d'Urville l'avait dépeinte :
succession de murailles de glace et de terres peu élevées, qui,
couvertes de neige, et souvent ravinées présentent très rarement les points noirs des rochers nus.

*
* *

Au point de vue des résultats, l'expédition anglaise a été
de beaucoup la plus importante et la plus féconde.

Les expéditions française et américaine ne pouvaient
entrer en concurrence avec elle pour les recherches scientifiques. C'est, en effet, pour créer un réseau d'observatoires
magnétiques et faire le plus grand nombre possible de recherches magnétiques dans l'hémisphère austral que l'expédition anglaise, en principe, avait été organisée[1]. Les questions

---

[1] Une expédition scientifique avait été faite par les Anglais en 1828 :
c'est celle du capitaine Foster qui partit de la terre des Etats sur la frégate anglaise *Chanticleer* pour faire des expériences de physique et des
observations magnétiques dans l'océan Atlantique. Il était en janvier 1829
dans l'île Smith, à l'ouest des Shetland.

de magnétisme terrestre passionnaient depuis plusieurs
années le monde savant.

Humbold, adepte fervent de cette science, avait, par
ses instances, obtenu que la Société de géographie de Londres s'y intéressât.

Mais, en dehors des recherches scientifiques, l'expédition
anglaise a mérité le premier rang pour les découvertes géographiques. Elle a pénétré plus près du pôle et elle a fixé
la position du littoral d'une grande terre dont l'accès paraît
relativement facile.

Il est vrai que de grands avantages lui avaient été assurés
par une préparation et une organisation spéciales. Le Gouvernement anglais, jaloux de sa suprématie dans toutes les
entreprises maritimes, avait fait construire deux bâtiments, l'*Erebus* et le *Terror*, dans les meilleures conditions
pour résister à la pression des glaces et naviguer au milieu
des banquises. Il les avait munis d'un outillage perfectionné
pour les recherches et les observations. Il avait choisi les
équipages et donné le commandement à un officier déjà préparé par des excursions dans le pôle arctique. Il avait laissé
au commandant James Clarke Ross toute liberté pour le
moment, la durée et le lieu de l'expédition.

Rien n'avait été négligé pour le succès.

L'expédition anglaise partit de Margate le 30 septembre
1839.

James Clarke Ross commandait l'*Erebus*, et le capitaine Crozier, ancien compagnon de John Franklin dans sa
campagne au pôle Nord, commandait le *Terror*.

D'abord préoccupé du magnétisme terrestre, Ross traverse l'océan Atlantique en cherchant les lignes où les intensités sont les plus faibles et la place de l'équateur magnétique.
Il établit des observatoires dans l'île Sainte-Hélène et au cap
de Bonne-Espérance où il s'arrête du 17 février 1840 au

3 avril[1]. Il est à l'île Kerguelen le 6 mai, et à Hobbart-Town (terre de Van Diémen) le 16 août 1840.

Ayant appris, par une lettre de Wilkes, les découvertes des Américains sur la côte où déjà Ballény et Dumont d'Urville ont inscrit leurs noms, Ross prend la résolution d'éviter ce littoral et d'aborder l'Antarctide vers le sud-est.

D'après ses calculs il doit aller jusqu'au 76ᵉ parallèle sud pour trouver le pôle magnétique ; et, d'autre part, il sait que Ballény a rencontré la mer libre vers le 176ᵉ méridien Est par 69° lat. S.

Ross se dirige donc vers les îles Auckland en quittant Hobbart-Town le 12 novembre. Il s'arrête dans ces îles, puis dans l'île Campbell d'où il part le 17 décembre. Il se trouve le 24 décembre sous le 170° méridien Est par 69° lat. S., le 28 décembre il atteint 174° long. E. par 63° lat. S., mais il est le 31 décembre par 66° lat. S. et 171° long. E. luttant contre le « pack ». Il rencontre enfin la mer libre le 9 janvier 1841 par 69° lat. S. et 176 long. E.

Le 11 janvier 1841 Ross aperçoit une haute montagne couverte de neige qu'il nomme « Sabine » : elle est à l'extrémité d'une chaîne de montagnes à sommets arrondis, qui va du sud-est au nord-ouest et qui est nommée « chaîne de l'Amirauté ». Au-dessous du mont Sabine est une petite montagne dépourvue de neige, haute de 1500 mètres environ, qui forme promontoire en s'avançant vers la mer : Ross lui donne le nom de cap « Adare ». Ce cap situé par 71° lat. S. et 171° long. E. peut être aisément abordé.

A cet endroit la côte prend vers l'ouest la direction du 71° parallèle, mais s'infléchit brusquement vers le sud et

---

[1] En route, Ross a visité Madère, les Canaries, les îles du Cap Vert, la Trinidad.

Voir : J.-C. Ross, *Voyage of discovery and research to the Southern and Antarctic Regions*, 2 vol., Londres, 1846.

presque perpendiculairement. Ross, tenu éloigné par une bordure de glaces, ayant à naviguer à travers les brouillards et les tempêtes de neige, s'efforce de suivre cette côte, et réussit à pénétrer jusqu'au 77° lat. S. le 27 janvier 1841.

Il avait ainsi réalisé son désir de faire des recherches magnétiques au 76° parallèle, et avait eu la satisfaction de constater par 76° lat. S. et 164° long. E. une déclinaison de 109° et une inclinaison de 87° (ce qui l'autorisait à placer le pôle magnétique sud par 76° lat. S. et 145° long. E.).

Pendant la traversée très pénible vers le sud, Ross avait rencontré plusieurs îles à l'est : l'île « Possession » le 12 janvier ; l'île « Coulman » le 20 janvier ; l'île « Franklin » le 26 janvier. Il avait eu, au contraire, à l'ouest, la vue constante de très hautes montagnes entre lesquelles descendaient çà et là des fleuves de glace. Cette chaîne de montagnes parallèle au littoral fut nommée « chaîne du Prince-Albert » et la plus haute des montagnes, un ancien volcan, s'élevant à plus de 4000 mètres fut nommé « Melbourne ».

Ross donna à la contrée dont il avait côtoyé le littoral oriental sur une très grande étendue le nom de terre « Victoria ».

Il s'est heurté, à l'extrémité de sa course, par 77° lat. S. et 167° long. E. à deux énormes montagnes : il leur a donné les noms des deux bâtiments, *Erebus* et *Terror*. L' « Erebus » est un volcan en activité, haut de 3700 mètres, le « Terror », volcan éteint, a 3300 mètres de haut.

Ayant pu gravir le versant oriental du mont Terror, Ross découvre un cap (il le nomme cap « Crozier[1] ») et, tout près, un mur de glace qui plonge verticalement dans la mer. Il est placé comme une barrière en avant de montagnes (les monts

[1] C'est le nom du capitaine du *Terror*.

« Parry ») dont les blancs pitons forment une chaîne s'éloignant vers le sud. Le mur de glace a des hauteurs inégales,
comme l'indiquent les sinuosités de son sommet ; il paraît se
prolonger, en suivant le 78ᵉ parallèle, fort loin vers l'est.

Ross côtoie ce mur du 169° long. E. au 165° long. O. Il est
arrêté le 31 janvier par des amas de glaces qu'amène un vent
violent. Il n'a pas encore choisi son lieu d'hivernage. Il
revient donc sur ses pas et trouve barrées par la glace
les baies qui lui semblaient les plus favorables abris sur la
côte de la terre Victoria. Il essaye de chercher sur la côte
septentrionale à l'ouest du cap Adare, et va jusqu'à un promontoire nommé cap « North » par 70° lat. S. et 165° long. E.
sans plus de succès. Désirant voir les îles Ballény, il se
tourne vers le nord et découvre, le 3 mars, non seulement
les îles cherchées, mais trois autres petites îles par 67° lat.
S. et 165° long. E. qu'il nomme îles « Russell ».

Au milieu de ces pérégrinations qui ont occupé le mois de
mars, Ross n'a pas oublié le pôle magnétique sud. Il était
retourné en février au 76ᵉ parallèle près de l'île Franklin où
il avait eu en janvier des épreuves si heureuses. Il veut ter-
miner la brillante campagne[1] de 1840 en allant chercher la
place (66° lat. S. et 146° long. E.) où le mathématicien Gauss
avait, par le calcul, fixé le pôle magnétique. Le mauvais
temps l'empêche de réussir ; il atteint seulement 65° lat. S. à
144° long. E.

Ross rentre à Hobbart-Town le 6 avril 1841 afin de faire
reposer les équipages et réparer les navires.

Il reprend la série de ses travaux sur le magnétisme le
7 juillet et les poursuit jusqu'à la fin de l'année successivement en Australie (à Sidney du 7 juillet au 5 août), puis en

---

[1] M. Fricker, *Antarcktis*, p. 154, reproduit la carte de la terre Victoria
telle que Ross l'avait donnée. Il ajoute dans le texte des détails fort intéressants sur chaque partie du littoral que le commandant anglais a exploré.

Nouvelle-Zélande (dans la « baie des Iles » du 17 août au 28 novembre) et dans les parages avoisinants où il cherche les lignes des intensités magnétiques les plus fortes.

En janvier 1842 il veut revoir le mur de glace, mais en y arrivant vers l'extrémité orientale. Il ne parvient à traverser les glaces que le 16 février par 75° lat. S. et 172° long. E. Il revoit le mur de glace le 23 février et va jusqu'au 161° long. E. par 78° lat. S.

Il parcourt ce grand golfe qui porte aujourd'hui le nom de « mer de Ross », sans ajouter aucune nouvelle découverte à celles qu'il avait faites l'année précédente ; et, ensuite décide d'effectuer le tour du pôle en se dirigeant vers le cap Horn.

Après une navigation [1] qui met à l'épreuve son sang-froid, son intrépidité et sa science nautique, l'éminent commodore anglais jette l'ancre le 6 avril 1842 à Port-Louis (îles Falklands).

Ne voulant pas rentrer en Angleterre sans avoir essayé, lui aussi, de pénétrer dans la mer libre de Weddell, Ross prépare sa troisième expédition dans les mers australes.

Il quitte les îles Falklands le 17 décembre 1842 et se dirige par 55° long. O. directement vers le sud où il va de nouveau s'attaquer au « pack ».

Le 26 décembre il aperçoit la côte orientale de l'île Joinville, et dans cette île entièrement couverte de neige et de glace une montagne haute de 1100 mètres environ qu'il nomme « Percy ». En contournant l'île Joinville il rencontre un assez grand nombre d'îles rocheuses, entre autres celle que le 29 décembre il désigne sous le nom de « Darwin ».

Au sortir de ces îles, il découvre au sud de l'île Joinville

---

[1] M. Fricker est entré dans quelques détails sur les incidents, parfois dramatiques, qui ont eu lieu durant ce remarquable voyage. Il a rendu ainsi hommage aux brillantes qualités du commandant Ross.

un grand golfe [1] qu'il dénomme golfe « d'Erebus et Terror ». A l'extrémité de ce golfe est un promontoire couvert de neige que Ross nomme « Snow-Hill », près d'une île dénommée « Seymour ». D'après Ross, ce promontoire ainsi qu'une haute montagne qui s'élève auprès, « mont Haddington », sont situés sur la terre Louis-Philippe.

Au pied du mont Haddington, il découvre le 6 janvier 1843 l'île « Cockburn » où il atterrit le 9 janvier.

Arrêté par les glaces au 64° lat. S. par 54° long. O., il renonce à poursuivre la route vers le sud.

Le 4 février il entre dans la mer de Weddell en côtoyant le « pack » entre le 64° et le 65° parallèle. Le 14 février il est au 65° lat. S. par 40° long. O., le 22 février il est au 22° long. O.

Il réussit enfin par 15° long. O. à pénétrer au sud jusqu'au 71° parallèle.

Bellingshausen avait atteint 69° lat. S. par 13° long. O. et Weddell 74° lat. S. par 34° long. O.

Ross estime que cette troisième expédition a été suffisamment féconde [2]. Il veut revoir les observatoires qu'il a établis au cap de Bonne-Espérance et à l'île Sainte-Hélène.

Il arrive le 4 septembre 1843 à Folkstone avec un équipage en excellent état.

C'est un succès complet. C'est une belle page ajoutée aux fastes de la marine britannique.

---

[1] Citons un fait qui prouve la grande sûreté des observations du commandant Ross. Il ne peut pénétrer dans le golfe rempli de glace et cependant il déclare qu'on doit y trouver un canal se dirigeant vers la terre Louis-Philippe ; or, en 1903, l'explorateur Nordenskiold a constaté l'existence de ce canal.

[2] Parmi les observations magnétiques qui ont été faites durant cette campagne, il en est une qui a été pour le commandant Ross la cause d'un vif plaisir, celle faite par 61° lat. S. et 24° long. O., qui lui permit de conclure à l'existence d'un pôle magnétique unique dans le Sud.

L'expédition anglaise est celle qui a séjourné le plus longtemps dans les hautes latitudes et qui s'est le plus rapprochée
du pôle.

C'est elle qui a le plus heureusement rempli la mission
géographique proposée, bien que les expéditions française
et américaine aient chacune à leur actif d'importantes découvertes. Elle a exploré sur une grande étendue, entre le 70° et
le 78° lat. S. et du 164° long. E. au 161° long. O. les côtes
septentrionales et orientales de la contrée qui, parmi les
terres australes, paraît être le plus régulièrement accessible.

L'expédition anglaise avait, en outre, une mission scientifique qui lui était spéciale. Elle a pu, ayant plus de temps
que ses concurrentes à y consacrer, rapporter un contingent plus considérable d'observations et de recherches pour
la météorologie, la zoologie, l'océanographie et la biologie.
Quelques-unes de ces recherches laissent à désirer, non pas
pour la méthode et les soins de l'exécution qui ont été irré-
prochables, mais par l'imperfection des instruments. Toutefois les travaux du commandant James Ross sur le magnétisme terrestre font encore autorité.

D'ailleurs, le commandant James Ross a recueilli dans le
monde savant, pour son expédition au pôle Sud, les témoi-
gnages d'estime les plus flatteurs : la Société de géographie
de Paris lui a décerné sa plus haute récompense, la grande
médaille d'or.

Le cap « North » situé par 70° lat. S. et 164° long. E. est
la limite de la côte de la terre Victoria vue à l'est par Ross ;
de là à la terre de Wilkes qui commence au 64° lat. S. par
157° long. E. il y a une lacune [1]. Cette lacune ne saurait avoir
aucune influence sur l'impression que l'on garde de l'aspect

---

[1] Ross a aperçu un mur de glace et une côte paraissant border un golfe
qui naissait vers le cap.

de la terre Victoria, après avoir suivi l'expédition anglaise [1].

La terre Victoria, contrastant avec les terres orientales qui paraissent peu accidentées, est la contrée des très hautes montagnes. Celles-ci s'élèvent au-dessus de la ligne des neiges éternelles, qui est le niveau de la mer, à 3000 et 4000 mètres ; elles forment des chaînes, les unes parallèles à la côte (chaîne de l'Amirauté, chaîne du prince Albert) ; les autres perpendiculaires et se dirigeant au sud (la chaîne de Parry). Elles sont entre-coupées de profondes crevasses et de grands glaciers.

Cet aspect ressemble à celui que présentent les côtes occidentales connues (c'est-à-dire la terre Louis-Philippe, la terre Graham et la terre Alexandre), avec cette différence toutefois que, dans les montagnes de la terre Victoria, le rocher nu apparaît beaucoup plus souvent.

Un autre caractère de la terre Victoria est son origine volcanique attestée par de grands volcans en activité ou éteints, enfin par la chaîne des îles volcaniques (de l'île Franklin aux îles Ballény) qui l'avoisinent.

Un fait important pour les géographes, c'est la constatation, le long du littoral de la terre Victoria, de quelques baies abritées où l'on peut atterrir. C'est un attrait et c'est une sécurité qui peuvent tenter les explorateurs ; et, puisque de ce côté de l'Antarctide, le départ pour le pôle peut commencer au 78° parallèle, la terre Victoria semble se présenter comme le vrai chemin pour atteindre le pôle Sud.

*
* *

Il semble que les rapides et importantes découvertes de Dumont d'Urville, de Wilkes et de Ross ont complètement

[1] Voir dans Fricker, *Antarcktis*, la description : *Victoria Land*, p. 151 à 161.

satisfait la curiosité publique. Elle s'est, en effet, détournée
du pôle Sud durant la seconde moitié du xix° siècle, tandis
qu'elle s'est de plus en plus passionnée pour les recherches
du passage entre l'Atlantique et le Pacifique par le pôle Nord.

Les résultats des expéditions, à but scientifique d'ailleurs
restreint, faites pendant cette période n'ont intéressé que les
savants.

Telle a été l'expédition du capitaine Dallman[1] envoyé en
1873 par la Société allemande de Navigation polaire pour
faire des expériences de physique dans le détroit de Bransfield et dans l'archipel Fuégien. Dallman a cependant constaté
que la terre de Palmer est une île, et a découvert le détroit
nommé par lui « détroit de Bismark », qui sépare la terre de
Graham de l'île Palmer.

Telle a été l'expédition du capitaine Nares[2], envoyée, sur
l'initiative du savant Dr Neumayer[3], pour revoir et explorer
la côte orientale de l'Antarctide, entre le 60° et le 90° long.
E., et effectuer de nombreux sondages : et cependant, on a
beaucoup parlé des travaux du *Challenger*[4], qui, entre
autres résultats, ont prouvé que la terre « Termination »
signalée d'ailleurs avec grandes réserves par Wilkes, n'existe
pas à la place indiquée.

Il était réservé aux capitaines baleiniers de ramener par
de brillantes découvertes comme dans la période de 1832 à
1840 l'attention du public vers le pôle Sud.

En 1892, le capitaine Robertson, commandant le bateau
l'*Active* qui appartient à une Compagnie écossaise de Dundee, explore l'île Joinville et découvre qu'un canal la partage

---

[1] Il commandait le navire le *Groenland*.
[2] Il commandait le *Challenger*.
[3] Dr Fricker signale les importants travaux du Dr Neumayer et ses
savantes études sur les régions polaires.
[4] C'est le même navire norvégien sur lequel Nansen était allé au
Groenland.

en deux parties. Il donne le nom de Dundee à l'île du sud.
Il a sur son bateau un éminent naturaliste, le D[r] médecin
Ch. Donald, qui s'occupe des recherches scientifiques.

En 1893, le capitaine Larsen part de Sandeffort le 12 août
avec le bateau *Jason*[1] ; il va chasser les phoques pour le
compte de la Compagnie hambourgeoise l' « Oceana » au
sud des îles Shetland et îles Orkneys. Il descend vers la
côte est de la terre Louis-Philippe, et atterrit le 17 novembre
à l'île Seymour, 64° lat. S. et 56° long. O., signalée par Ross
en 1842.

En parcourant les profondes vallées de l'île, il trouve un
grand nombre de nids de manchots. Il y fait la remarquable découverte d'un dépôt de bois fossiles.

Après une course vers l'est entre le 63e et le 64e parallèles
jusqu'au 47° long. O. il revient vers l'île Seymour.

Le 1er décembre 1893 par 66° lat. S. et 59° long. O., Larsen
aperçoit une haute terre couverte de neige et de glaciers :
çà et là des montagnes montrent des parois rocheuses. Larsen donne à cette terre le nom de terre « Oscar II ». Il
désigne sous le nom de mont « Jason » une haute montagne
située vers l'est, dont la base est dépourvue de neige ; et
sous le nom de cap « Frammes », un promontoire situé au
pied du mont Jason par 66° lat. S. et 60° long. O.

Il s'éloigne en exprimant le regret de ne pouvoir se
détourner de la pêche des phoques pour explorer cette terre
qui paraît d'un accès facile.

Il suit la côte orientale de la terre de Graham en se dirigeant vers le sud. Le 8 décembre par 65° lat. S. et 58° long.
O., il aperçoit, mais sans pouvoir l'approcher, un groupe
curieux de quatre montagnes dépourvues de neige, se déta-
chant sur le sol blanc. Il le nomme la terre de « Foyne ».

---

[1] Le récit du très remarquable voyage du capitaine Larsen est, en grande
partie, reproduit dans *the Geographical Journal*, 1894, p. 333 et suiv.

Le même jour, il avait passé auprès d'une île, dépourvue de neige, qu'il avait nommée « île Robertson ».

Après avoir atteint le 68ᵉ parallèle, Larsen arrêté par les glaces remonte vers le nord, et découvre le 11 décembre un volcan en activité sur une île qu'il aborde et qu'il nomme île « Christensen » ; puis, tout près, une série de petites îles, « archipel des Phoques [1] », par 65° lat. S. et 59° long. O., enfin un groupe d'îles et de rochers « Norway Sound ».

Il rentre à Port-Stanley pour déposer les produits de sa pêche et prendre du charbon.

Larsen quitta Port-Stanley pour retourner vers l'île Joinville, visita l'île Paulet, chassa les phoques près du golfe Erebus et Terror où il se trouvait à la fin de janvier 1894. En mars 1894, il atteignait 53° long. O. par 64° lat. S., et rentrait le 15 mars aux îles Falklands.

En même temps que Larsen, un autre capitaine baleinier, Evenson, était parti avec le navire la *Hertha* pour le compte de la même Compagnie l' « Océana ».

Evenson était le 1ᵉʳ novembre 1893 aux îles Shetland, avait ensuite visité l'île Déception, et passant dans l'océan Pacifique il était parvenu le 12 novembre au 68° lat. S. par 73° long. O. Il pénétrait le 20 novembre jusqu'à 69° lat. S. par 76° long. O. Il avait vu la terre Alexandre, l'île Adélaïde et les îles Biscoe lorsqu'il rentra à Ushuhaia.

Les récits des voyages de Larsen et d'Evenson (lorsqu'ils furent de retour en Norvège au mois de juillet 1894) produisirent une très vive émotion. Le pôle Sud depuis cinquante ans délaissé reprit faveur.

La question d'expéditions scientifiques, semblables à celles

---

[1] Le Dʳ Nordenskiold, en examinant en 1903 cet archipel, dit qu'il n'y a pas d'îles mais seulement des *nunataks*, pitons rocheux, pointements qui se présentent au milieu des glaciers. Ces nunataks sont recouverts d'une glace très épaisse. Voir *la Géographie*, 15 janvier 1904, p. 6.

qui avaient eu lieu de 1840 à 1843, fut agitée dans les Sociétés de géographie.

Déjà en 1886, John Murray[1], en publiant le voyage et les opérations hydrographiques du *Challenger* sur la côte orientale de l'Antarctide, avait éveillé l'attention en Angleterre. Le Dr Neumayer, le savant directeur de l'Observatoire maritime de Hambourg, de son côté, avait par de nombreuses conférences suscité en Allemagne un mouvement sérieux[2]; le professeur Drygalski avait publié un mémoire sur la glaciation, le professeur Vanhöffen un rapport sur la nécessité d'une expédition dans le pôle austral. Une résolution fut votée dans le Congrès international de géographie tenu à Londres en 1895 pour la prompte organisation d'expéditions d'exploration dans les régions antarctiques. Les sociétés allemandes, la Société coloniale et la Société de géographie, s'empressèrent de se réunir en 1899 pour discuter un plan préparé par le professeur Drygalski et les dépenses d'une expédition comprenant deux navires construits exprès[3].

Une seconde période heureuse pour l'histoire de l'Antarctide s'ouvrait avec le xxe siècle.

[1] Murray, *A summary of the scientific results obtained at the sounding, dredging and trawling stations of H. M. S. Challenger.*

[2] Neumayer, *Auf zum Sudpol! 45 Yahre Wirkens aus Forderung der Erforschung der Sud polar Region, 1855 à 1909*, Berlin, Heinemann, 1901.

[3] Voir Karl Fricker, *Antarktis*, p. 220 et suiv., la dépense était évaluée 950.000 marks (1.130.000 fr.) et devait être couverte en partie par une souscription publique en partie par une subvention du Reichstag.

CHAPITRE III

AU POLE ANTARCTIQUE

XX° SIÈCLE

Pendant les quatre premières années du xx° siècle les gouvernements belge, anglais, suédois, allemand, envoient, sur l'initiative des Sociétés de géographie, des expéditions scientifiques dans l'Antarctide dont l'existence est officiellement reconnue. La règle pour ces expéditions nouvelles est de passer l'année entière dans la région polaire.

Expédition belge de de Gerlache 1897-1899 : découvertes et résultats scientifiques. Détroit de Gerlache.

Expédition anglaise de Borchgrevink 1898-1900 : découvertes et résultats scientifiques. Ile-d'York.

Expédition allemande de Drygalski 1901-1903 : découvertes et résultats scientifiques. Terre de Guillaume II.

Expédition suédoise de Nordenskiold 1901-1904 : découvertes et résultats scientifiques. Canal du prince Gustave.

Expédition anglaise de Scott, 1901-1904 : découverte de la terre d'Edouard VII et premières excursions dans l'intérieur de l'Antarctide.

Expédition écossaise de Bruce, 1902-1904 : recherches océanographiques, et fondation d'un observatoire de météorologie dans l'île Laurie.

L'initiative du retour aux explorations polaires scientifiques fut prise, au début du xx° siècle, par un officier de la marine belge, le lieutenant de Gerlache. Il se passionna pour le projet d'une expédition nationale dans les mers australes, et il en poursuivit pendant plusieurs années la réalisation avec une rare énergie.

Il s'y était préparé en accompagnant des pêcheurs de baleines dans les mers du Nord, et en passant un hiver au Spitzberg. Car son désir était de donner un caractère nouveau aux expéditions australes, et, au lieu de faire comme les explorateurs antérieurs, une excursion estivale limitée entre les mois de novembre et d'avril, de passer une année tout entière dans la station choisie. Il lui paraissait indispensable pour être utile aux sciences d'apporter des observations et des études faites pendant l'hiver comme pendant l'été.

De Gerlache commença sa croisade en 1894, et, avec le patronage de la Société royale de géographie, il obtint l'appui et le concours financier du Gouvernement belge [1].

Des savants consentirent à s'associer à son entreprise très aventureuse à cause de la possibilité d'hiverner au milieu des glaces ; et de Gerlache eut une Commission scientifique de cinq membres [2].

Il acheta un trois-mâts voilier norvégien qu'il arma d'une hélice et d'une machine à vapeur de 150 chevaux : il le nomma *Belgica*.

Les préparatifs terminés [3], de Gerlache partit d'Anvers le 18 août 1897. Son programme était de reconnaître l'archipel Fuégien, la baie de Hughes, la terre de Graham, puis de pénétrer au sud dans l'océan Pacifique aussi loin que possible au delà de la terre Alexandre.

Après avoir fait escale à l'île Madère, à Rio-de-Janeiro et à Montevideo, la *Belgica* entre le 29 novembre 1897 dans le détroit de Magellan. Elle visite Punta-Arenas et Ushuhaia [4], ayant une traversée très pénible dans les canaux

---

[1] De Gerlache avait ouvert une souscription publique espérant que ses compatriotes partageraient son enthousiasme, et lui faciliteraient la réalisation de son patriotique projet Le succès n'avait pas répondu à son attente, bien qu'il bornât son ambition à une somme minime (300.000 fr.).

[2] Elle comprend MM. Danco, lieutenant d'artillerie belge, chargé des observations magnétiques; Arctowski, d'origine allemande, chargé des observations météorologiques; Dobrowski, d'origine polonaise, naturaliste et géologue; Racowitza, d'origine roumaine, chargé de la zoologie et de la botanique; Cook, d'origine américaine, médecin.

[3] De Gerlache, dans une conférence faite en novembre 1899 à Bruxelles, a raconté ses démarches et ses déboires. Il a exposé ensuite les soucis e les difficultés que l'on éprouve pour préparer les approvisionnements de nature si variée qui sont nécessaires et le mobilier scientifique.

[4] Punta Arenas est la capitale de la partie Chilienne de la Terre de Feu ; Ushuhaia est la capitale de la partie Argentine.

de l'archipel Fuégien ; s'arrête au port Saint-Jean, dans l'île
des Etats, pour faire provision d'eau et réparer quelques ava-
ries ; enfin commence sa croisière le 14 janvier 1898.

Dès le début, de Gerlache a la bonne fortune, en explo-
rant la baie de Hughes de découvrir un canal qui vient y
aboutir et dont la prétendue baie n'est que la large embouchure.

Ce canal, dénommé d'abord détroit de la Belgica, puis
détroit de « Gerlache », s'étend du 63e au 65e parallèle en se
dirigeant du nord-est au sud-ouest. Il a 160 kilomètres de
long et 15 kilomètres de large. Il met en communication la
baie de Hughes avec l'océan Pacifique. Il est bordé d'un
côté par de hautes montagnes entre-coupées de glaciers et de
vallées remplies de neige qui appartiennent au continent.
De l'autre côté, il est bordé par une série d'îles et d'îlots.

Si de nombreux îlots sont entièrement recouverts de
glace, il y a de grandes îles où s'élèvent des montagnes,
peu hautes, en partie dépourvues de neige, et faciles à escalader. En outre, dans plusieurs de ces grandes îles, une bande
de terre permet d'atterrir. Le canal offre donc l'occasion de
nombreuses et fécondes recherches dans des localités abritées et très diversement orientées.

Aussi de Gerlache entré dans le canal le 23 janvier 1898
y est demeuré trois semaines. Une carte détaillée des îles,
des baies, des promontoires a été levée. Dans des ascensions
et des débarquements multipliés, on a fait riche moisson
d'observations scientifiques, de matériaux intéressant la
géologie, la zoologie et la botanique, et de vues photogra-
phiques [1].

---

[1] Le Dr Cook, médecin de l'expédition, a fait un récit très complet des
incidents du voyage, et une description très vivante des animaux et des
lieux. Son livre, abondant en illustrations, est intitulé : *Trough the first
antarctic night* (1898-1899); *a narrative of the voyage of Belgica*, London,

Le 12 février seulement la *Belgica*, doublant le cap Renard qui termine le canal au S.-O. par 65° lat. S. et 64° long. O., pénétra dans l'océan Pacifique. Elle se dirige vers le sud, longeant d'aussi près que possible la côte dont de larges banquises et des montagnes de glace la repoussent. Quelques échappées, à travers un brouillard froid et humide, qui couvre presque constamment la contrée, permettent de reconnaître la côte ouest de la terre de Graham se terminant brusquement comme pour faire place à une grande baie; puis, la terre Alexandre formant avec ses hautes montagnes bien caractérisées comme un seul immense glacier; enfin, l'île Pierre I*er*, couverte de neige. Après une navigation périlleuse et émouvante, cause de fréquents découragements chez de Gerlache et ses compagnons, le navire entraîné par les tempêtes, tantôt au milieu des glaces, tantôt sur la mer libre, est définitivement emprisonné le 5 mars 1898 par 71° lat. S. et 85° long. O. Il se trouve immobilisé sur un lit de gros et épais glaçons qui se sont soudés; mais la banquise dont ces glaçons font partie demeure mobile.

Cette banquise est allée à la dérive pendant toute l'année, promenant en zig-zag du nord au sud et de l'est à l'ouest la *Belgica*, à une allure tantôt lente tantôt rapide, sans sortir cependant d'un champ de course compris entre le 69ᵉ et le 71° parallèle et s'étendant du 80° au 92° long. O. Les déplacements vers l'ouest étaient accompagnés d'un mouvement au nord, et la marche vers l'est, portait au sud : probablement, d'un côté, le voisinage de la mer libre que l'on voyait de la banquise, et, du côté opposé, la proximité de la terre continentale avait une influence sur les mouvements;

Heinemann, 1900. Il a été traduit en français par F. Pfinder sous le titre *Vers le pôle sud.*

mais le principal agent était le vent. On ne constatait aucun courant[1].

Lorsque, le 14 mars 1899, la *Belgica* fut dégagée de son étau, elle se trouvait au 70° lat. S. par 102° long. O.

Cet isolement de treize mois au milieu des glaces, des brouillards, des tempêtes de neige et des ouragans, avait rudement éprouvé l'équipage. De Gerlache, qui avait vécu dans des anxiétés continuelles, se hâta de revenir vers Punta-Arenas où il rentra le 28 mars. Il séjourna ensuite à Montevideo et ne fut de retour à Anvers que le 5 novembre 1899. Il avait atteint son double but : il avait complété l'exploration de l'archipel Fuégien, étudié depuis le XVI° siècle ; il avait, d'autre part, dans les conditions, il est vrai les plus pénibles et les plus désavantageuses, inauguré l'hivernage dans les régions polaires australes.

L'importance des résultats de cette audacieuse et téméraire exploration hivernale dépassait toute prévision : c'était une voie nouvelle et féconde ouverte aux progrès des sciences géographiques mathématiques, physiques et naturelles. L'honneur en revenait à de Gerlache et à l'expédition belge.

Si, pour établir les lois qui régissent notre planète, il est indispensable de grouper les phénomènes qui peuvent être observés sur tous les points de notre globe, d'en chercher les causes locales et de déterminer leurs rapports, la connaissance de l'Antarctide n'est-elle pas nécessaire ? Les explorateurs ne devront-ils pas poursuivre les recherches scientifiques pendant l'année entière et les répéter pendant une série d'années ?

L'expérience de l'expédition belge a démontré ce que la science peut acquérir après semblables recherches.

---

[1] Cependant, la vitesse de la dérive s'étant fortement accrue à dater du 9 février 1899, on pensa à un courant.

La Société royale belge de géographie demanda aux savants de l'expédition de faire connaître au public, dans des conférences, leurs différents travaux, et d'indiquer quelques-uns des résultats déjà obtenus[1]. Leur succès fut très grand.

Désormais, toute expédition devra faire ressortir, dans ses rapports, auprès des découvertes géographiques, la valeur des documents recueillis pour la science.

Le contingent de l'expédition belge à la géographie est la carte définitivement établie de la partie du globe comprise, au sud de la Terre de Feu, entre les 63° et 66° lat. S., du 60° au 61° long. O., travail considérable et d'une très grande utilité pour les nombreux navires qui parcourent l'archipel ou qui passent de l'océan Atlantique à l'océan Pacifique.

Les nombreux sondages effectués dans l'océan Pacifique et donnant 350 à 500 mètres de profondeur ont démontré l'existence d'un vaste plateau continental. Il se prolonge en avant et au sud de la terre Alexandre et vers le 71° lat. S.; et permet de supposer l'existence d'une terre vers les 73° et 74°

---

[1] Quatre conférences ont été organisées en novembre et décembre 1899. Elles ont été publiées dans le *Bulletin de la Société royale belge de géographie*, année 1900. Voici les sujets traités :

1° « Exposé général des travaux scientifiques de l'expédition ». En l'absence de M. de Gerlache empêché, M. Lecointe, commandant en second, fit cet exposé.

2° « L'hydrographie dans le détroit de la Belgica, les observations astronomiques et magnétiques ». Ces recherches ont été faites d'abord par le lieutenant Danco, et continuées par le lieutenant Lecointe, après la mort de Danco arrivée le 5 juin 1898. De Gerlache, croyant que la haute terre qui borde le canal était inconnue, lui donna le nom de terre de Danco sur sa carte.

3° « La géographie physique de l'Antarctique » par M. Arctowski.

4° « La vie des animaux et des plantes dans l'Antarctique » par M. Racowitza.

Le cinquième savant, Dr Cook, avait débarqué en Amérique. S'il n'a pas fait de conférence à Bruxelles, il a payé son tribut en écrivant le récit complet du voyage de la *Belgica* : *Trough the first antarctic night* (1898-1899), Heinemann, London, 1900.

lat. S. Sur le plateau sont déposés des blocs erratiques que les icebergs ont apportés en se séparant du continent ; leur examen peut aider à la connaissance géologique dudit continent. La série de roches plutoniques (diorite, serpentine, etc.), qui ont été collectionnées sur une partie du continent, les granites qu'on a trouvées sur une autre partie, les vieilles moraines étudiées dans le détroit de Gerlache, enfin d'autres observations géologiques seront utiles pour essayer d'apprécier la conformation du sous-sol dont on ne peut même pas déterminer le relief à cause de l'épaisseur des neiges qui le recouvrent. Il y a, ce semble, une grande analogie entre la péninsule de l'Antarctide et la Patagonie.

Les observations météorologiques, recueillies dans les hautes latitudes australes pour la première fois sans interruption pendant une année, fournissent les éléments d'un bulletin climatologique applicable au littoral de l'océan Pacifique pour l'année 1898. En voici les intéressantes conclusions.

La moyenne de la pression barométrique a été 744 millimètres, avec un maximum de 772^{mm} et un minimum de 711^{mm}. Les maxima ont correspondu avec les solstices et les minima avec les équinoxes. Dans le courant de chaque mois les variations ont été très fortes (moyenne de 34^{mm}). Les mois où la situation atmosphérique a été le plus stable sont les mois de novembre, décembre et janvier, c'est-à-dire ceux pendant lesquels le jour est presque continuel. Tous ces faits prouvent qu'il y a un rapport entre la hauteur du soleil à l'horizon et les variations du baromètre.

Les vents Nord-Est à Sud-Est ont prédominé pendant les mois de novembre, décembre, janvier et février. Les vents d'Ouest ont soufflé pendant les mois de juin, juillet et août. On serait tenté de supposer qu'ils sont sujets au régime des moussons. Les uns et les autres ont été très violents et froids. On a compté 257 jours pendant lesquels on a eu des tempêtes presque toujours accompagnées de neige, l'atmosphère étant très humide, et 55 jours seulement calmes et clairs.

La température moyenne [1] de l'année a été — 9° ; la moyenne pour l'hiver étant — 16°. Le mois de juillet a été le plus froid (moyenne — 23°) avec un minimum de — 37°. Le maximum du froid, pour l'année a été — 43°, atteint le 8 septembre.

La température moyenne dans les mois de janvier et de février, qui sont les plus chauds a été — 1°, avec variations entre + 2° comme maximum et — 9° comme minimum. Avec le vent du Nord et d'Ouest d'origine équatoriale la température s'élevait ; avec les vents du Sud et de l'Est d'origine polaire elle s'abaissait.

Les variations de température étaient brusques et atteignaient fréquemment de 15 à 20 degrés.

Les brouillards ont été presque continuels, tantôt sous forme de brumes basses touchant la glace, tantôt sous forme de voiles brumeux plus élevés.

Le sol couvert de givre, les petits îlots enveloppés d'une carapace de glace, les glaciers descendant jusqu'à la mer, et

[1]   TEMPÉRATURE MOYENNE MENSUELLE

Mars 1898.	— 9°,1	
Avril	— 11°,8	— 9°,1 automne.
Mai	— 6°,5	
Juin.	— 15°,3	
Juillet	— 23°,5	— 16°,8 hiver.
Août	— 11°,3	
Septembre	— 18°,5	
Octobre	— 7°,9	— 11°,1 printemps.
Novembre	— 6°,9	
Décembre.	— 2°,2	
Janvier.	— 1°,2	— 1°,5 été.
Février.	— 1	

La dérive de la *Belgica* a été du 70° au 71° parallèle par 85° à 95° longitude ouest.

s'y enfonçant, les murs de glace qui garnissent la côte flottant tout en immergeant leurs bases ; tout atteste que la ligne
des neiges perpétuelles affleure le niveau de la mer. On ne
rencontre au pied des montagnes que de rares petits ruis-
seaux : ils sont alors l'indice d'un rivage légèrement plus
élevé que le niveau habituel.

Les membres de l'expédition belge, habitant sur la banquise, ont vu se produire quelques phénomènes de glaciation : les uns communs aux deux pôles, les autres spéciaux
au pôle antarctique, tels que les immenses tables flottantes.
Ils ont décrit ces phénomènes si variés, phénomènes d'ailleurs signalés à toute époque, par les navigateurs ; ils en ont
photographié un grand nombre.

Les dunes s'élèvent dès que la neige, balayée par le vent
s'arrête ; les « hummoks[1] » surgissent, avec bruit formidable,
lorsque deux banquises, se heurtent ; les canaux s'ouvrent
subitement sous l'influence de la houle ou de la température,
et se referment presqu'aussitôt par congélation ; les vents
et les courants poussent des flottes de gigantesques icebergs
aux formes angulaires ou rondes les plus bizarres et les plus
variées, et de grandes masses rectangulaires conservant la
silhouette, et comme l'empreinte des côtes d'où elles se sont
détachées.

Mais l'étude de la banquise a fourni des documents plus
nouveaux et d'un ordre plus élevé.

M. Racowitza, biologiste passionné, a soumis au microscope les êtres infiniment petits [2], qui pullulent dans le

---

[1] Nansen, le célèbre explorateur des régions arctiques, a longuement
parlé des hummoks, des canaux et des autres phénomènes glaciaires. Il a
fait d'effrayantes descriptions des dislocations des banquises, de la force
des pressions qu'elles exercent, du bruit que produit le craquement des
glaces, etc. Voir la traduction du livre de Nansen, par Charles Rabot, *Vers
le pôle*, p. 76, 121, etc.

[2] Dumont d'Urville raconte avec quel étonnement il a vu que « les longs

« plankton » toujours abondant sur les glaces. En examinant l'enduit brun-verdâtre qui couvre les parois de la glace
dès qu'elles sont soumises à l'action de la lumière, il a reconnu que cet enduit est composé de corpuscules, véritables
plantes [1]. Ce sont ces petites algues, donnant par leur chlorophylle à la banquise un aspect de prairies, qui servent de
nourriture aux mollusques, aux radiolés, aux zoophytes, etc.,
qui maintiennent la vie sur la banquise. Les mêmes diatomées lorsqu'elles sont desséchées tombent, avec les débris
organiques toujours nombreux sur la surface de la banquise,
au fond de la mer et servent de nourriture aux êtres (mé-
duses, oursins, anémones, etc.,) généralement phosphores-
cents qui vivent, là, dans une profonde obscurité [2].

Quant à l'alimentation des phoques et des baleines, elle
consiste principalement, d'après M. Racowitza, en petites

rubans blancs » recueillis sur la banquise étaient formés avec des mollusques microscopiques agglomérés.

[1] Voici ce que dit M. Racowitza. « Lorsqu'on regarde au microscope une
goutte de cet enduit, on voit qu'il est formé de petits corpuscules en forme
de boîtes et d'étuis, pourvus, quelques-uns, de filaments transparents. Ces
corpuscules sont des êtres vivants : sous leur carapace extérieure est un
grumeau de protoplasma avec une partie plus dure qui est le noyau. Dans
ce protoplasma est de la chlorophylle, substance qui sert à décomposer
l'acide carbonique, rejette l'oxygène et prend le carbone ». (Bulletin de la
Société royale belge de géographie, année 1900.)

Nansen dans son voyage au pôle Nord, 1893-1896, signale sur les parois
des glaçons un revêtement de couleur brun foncé qu'il attribue à de petites
algues. Il a recueilli dans l'eau des vésicules blanches et des vésicules
jaunes, formées d'agrégats de diatomées et d'organismes cellulaires rouges.
Enfin, il dit que les mêmes algues et diatomées se rencontrent dans les
petits canaux et dans la nappe qui sépare l'eau salée de l'eau douce
superficielle. (Voyage au pôle Nord, traduit par Charles Rabot, p. 141 et
note du 18 juillet 1894.)

[2] Les couleurs de ces animaux vivant à de grandes profondeurs dans la
mer sont généralement vives (rouge, vert, orange, violet). Il n'y en a pas
qui soient bleus.

On a remarqué, en outre, qu'on ne trouve pas sur eux des raies, des
taches comme sur les animaux qui vivent sur la terre et dans les eaux peu
profondes.

crevettes, qu'il nomme *Euphausia ;* ces crevettes se trouvent par bancs épais, au-dessous de la glace, dans la partie
supérieure de la mer ; elles sont très estimées également
des manchots.

A ces recherches de biologie sont ajoutées les observations
qui intéressent la zoologie et la botanique : description des
mœurs des phoques[1] et des manchots[2] qui son v us de près
soit dans les îles du détroit de Gerlache, soit sur la banquise ; indication d'un diptère, d'une puce de neige et de
trois acariens, comme seuls représentants des insectes qu'on
rencontre dans les mousses et les lichens, unique et rare
végétation de ces contrées où il n'y a pas de véritable été.

Le Dr Cook a voulu que l'expédition belge ne restât pas
dans le seul domaine de la science et s'occupât de la vie pratique, de telle sorte que les expériences faites évitassent
des déceptions et des épreuves douloureuses aux explorateurs futurs. Il a formulé d'excellents conseils sur l'hygiène
à bord, le régime alimentaire et le vêtement ; il a indiqué
les maladies qui sont fréquentes dans les régions polaires ;
il a insisté sur l'influence néfaste de la nuit polaire (elle a
duré pour l'expédition du 16 mai au 22 juillet) sur le mo-
ral et le physique[3].

La rapide divulgation des recherches faites et des
résultats obtenus par l'expédition belge leur donna un grand

[1] Les phoques rencontrés sont : le phoque crabier, le phoque de Ross,
le vrai et le faux léopard de mer. Il n'y a pas de cétacés à dents.

[2] Outre le manchot « antarctique » et le manchot « papou » dont il y a
des villages dans les montagnes rocheuses du détroit de Gerlache, les
explorateurs ont vu des pétrels, des cormorans, des goélands, les sterco-
raires. Ces oiseaux vont nicher dans les montagnes dépourvues de neige.
Il en est qui séjournent longtemps sur les banquises.

[3] Le Dr Cook a ajouté au texte de nombreuses photographies très sug-
gestives (*Through the first antarctic night, 1898-1899*, London, 1900). C'est
le tableau vivant des incidents de voyage.

Le Dr Cook avait déjà voyagé avec Peary dans le Groenland. Il avait
donc une grande expérience du climat polaire.

retentissement. C'était la révélation d'un monde jusqu'alors inconnu, et le premier assaut qui lui avait été livré faisait le plus grand honneur aux savants de l'expédition[1].

* *

En même temps que le lieutenant de Gerlache, un naturaliste norvégien, le Dr Borchgrevink, avait formé le projet d'une expédition dans l'Antarctide.

M. Egebert Borchgrevink, se trouvant à Melbourne en 1894 au moment du départ de la baleinière norvégienne[2] *Antarctic*, avait demandé de faire le voyage comme passager. Ne l'ayant pas obtenu, il s'était embarqué comme mousse.

Parti le 20 septembre 1894, il était de retour à Melbourne le 4 mars 1895. Il avait visité les îles Macquarie, Campbell, Nouvelle-Zélande, Ballény, le cap Adare, enfin les îles de la Possession et l'île Coulman dans la mer de Ross[3].

Enthousiaste de la terre Victoria, il se proposa, dès son arrivée en Angleterre, de refaire le célèbre voyage de Ross. Il obtint le patronage de sir Georges Newnes, et par cet influent lord le concours de la puissante Société royale de géographie de Londres. Il s'agissait d'une entreprise patriotique et de rappeler le souvenir de l'expédition de James Ross, faite en 1843 sous le patronage de la Société royale de géographie, la plus brillante et la plus heureuse de toutes

---

[1] MM. Arctowski, Racowitza et Lecointe ont publié les observations qu'ils ont faites durant ce remarquable voyage. Voir la bibliographie qui est à la fin du chapitre.

[2] Le capitaine baleinier de l'*Antarctic* allait chasser les phoques pour la maison « Reeden Svend Foyn » de Christiania.

[3] L'*Antarctic* quitta la Nouvelle-Zélande le 7 décembre 1894, visita les îles Ballény le 14 décembre, trouva la mer libre le 14 janvier 1895 par 69° lat. S. et 177° long E. après trente-huit jours de lutte contre le « pack », arriva au cap Adare le 16 janvier, à l'île Possession le 18, à l'île Coulman le 22 janvier. Ne rencontrant pas de baleine il revint en Australie.

les expéditions du XIXᵉ siècle. Plusieurs savants, naturalistes et météorologistes, MM. Handson[1], Evans, Bernacchi consentirent à l'accompagner.

Le navire *Southern Cross*[2] fut placé sous le commandement du lieutenant Colbeck.

Le Dr Borchgrevink quitte l'Angleterre en août 1898, fait escale à la Nouvelle-Zélande, station la plus proche de la terre Victoria, et arrive au cap Adare le 17 février 1899. Les incidents du voyage n'offrent rien de particulier.

Une petite plage, située au pied du promontoire vers la baie Robertson, est choisie pour lieu de campement. Les tentes, les approvisionnements et le matériel scientifique sont déchargés. La *Southern Cross*, sur l'ordre de Borchgrevink, repart le 2 mars 1899 pour la Nouvelle-Zélande.

Le 28 janvier 1900 le lieutenant Colbeck, fidèle au rendez-vous, reparaît au cap Adare. Le camp est levé et Borchgrevink, conformément à son projet, reprend les traces du commandant James Ross.

Il côtoie la terre Victoria, les monts Erebus et Terror, enfin la barrière de glace. Il était de retour à la Nouvelle-Zélande le 30 mars 1900[3].

Le 25 juin, le Dr Borchgrevinck racontait à la Société royale dé géographie de Londres son voyage et ses travaux.

La côte orientale de la terre Victoria a été examinée de près ; plusieurs débarquements y ont eu lieu. Borchgrevink

---

[1] Le Dr Handson est mort le 18 octobre 1899 pendant l'expédition.

[2] *La Croix du Sud.*

[3] The Southern Cross expedition to the Antarctic, 1899-1900 *(The Geographical Journal*, 1900, p. 381).

Borchgrevink, *First on the Antarctic Continent, being an account of the Antarctic British Expedition, 1898-1900*, London, 1901.

Bernacchi, Topography of South Victoria land *(The Geographical Journal,* 1901).

Bernacchi, *To the South Polar Regions : Expedition of 1898-1900*, London, Hurst et Blarkett, 1901.

signale particulièrement comme très propre à un atterris-
sement la bande de terre formée par des débris de laves, et
située au pied du mont Melbourne, qu'il a nommée « terre
de lady Newnes[1] ».

Il a trouvé une échancrure dans le mur de glace et a
pu, vers le 165° long. O., en traîneau, aller au delà du
78° lat. S. plus loin que Ross.

Il n'avait pu franchir aucun des remparts de glace qui
bordent la baie Robertson, et qui terminent deux puissants
glaciers descendant des monts de l'Amirauté ; aussi Borchgrevink déclarait-il que l'intérieur de la terre Victoria est
inaccessible.

La seule ascension qui ait réussi est celle du promontoire
formant le cap Adare, montagne basaltique haute de
1500 mètres environ. On y rencontre jusqu'à une hauteur
de 300 mètres une très grande quantité de nids grossiers
formés de cailloux ; c'est là que les manchots viennent, en
octobre, déposer et couver leurs œufs. La couvaison dure
quinze jours. Les « labbes » (lestris) succèdent aux manchots sur le mont Adare.

Une découverte fort curieuse est celle d'une petite île
d'origine volcanique placée au fond de la baie Robertson, au
pied du massif montagneux que domine le mont Sabine.
Borchgrevink l'a nommée « île du duc d'York ». On y trouve
à 71° lat. S., de même que dans certains endroits très abrités
de l'île Nelson (62° lat. S.) et du détroit de Gerlache (65°
lat. S.), des lichens, des mousses et même des insectes.

Du reste, le Dr Borchgrevink signale lui-même différents
points de la terre Victoria et des îles de la mer de Ross où
i a rencontré une côte sans neige et pourvue d'une certaine
végétation.

[1] M. Bernacchi donna à la Société royale de géographie, le 18 mars 1901,
les plus intéressants détails sur ce voyage.

Aussi, n'est-ce pas le fait de cette végétation qui rend importante la découverte de l'île d'York, mais la richesse des documents qu'elle fournit à la géologie. Il y a autour de l'île des moraines et des bancs de schistes verdâtres très fossiles qui sont traversés par des veines de quartz et qui sont, au fond de la baie, recouverts par une roche éruptive sombre très dure. On y rencontre aussi des roches sédimentaires de différentes natures.

Une autre découverte qui a causé une plus vive satisfaction au Dr Borchgrevink, car c'est la seule qu'il ait annoncée à la Société royale de géographie en lui télégraphiant son retour, c'est celle de la position du pôle magnétique sud. En opérant dans les mêmes parages, où déjà le commandant Ross avait réussi en 1842, il a trouvé par le calcul qu'en l'année 1899 le pôle magnétique sud se trouvait par 73° lat. S. et 146° long. E.[1].

Les observations météorologiques faites régulièrement par l'expédition anglaise fournissent un bulletin climatologique intéressant à comparer[2] avec le bulletin fourni par l'expédition belge, bien que la station de de Gerlache fût une station marine et que la station de Borchgrevink fût une station terrestre, et malgré la différence des années. Il y avait entre les deux stations une différence de cent degrés de longitude environ sur le 71° parallèle[3].

La température moyenne de l'année au cap Adare a été

[1] Des membres de la Société royale de géographie de Londres ont objecté que la distance entre ce point et celui qu'avait fixé le commandant Ross, 75° lat. S. et 154° long. E. leur paraissait trop considérable pour être exacte.

[2] M. Zimmermann, professeur de géographie à Lyon, a comparé les résultats des recherches des expéditions belge et anglaise dans une étude très remarquable intitulée « Terres, climat et glaciers antarctiques », publiée dans les *Annales de géographie*, p. 385 et suiv., 1902.

[3] Environ 3800 kilomètres. De Gerlache était sur le 87° long. O. et Borchgrevink sur le 170° long. E.

de — 13°9. La température moyenne des six mois d'hiver
(mai-octobre) a été — 22°; le maximum de froid a été — 45°.
On pouvait prévoir, puisqu'il s'agit d'une station terrestre,
que l'hiver y serait plus rigoureux que dans la station marine occupée par l'expédition belge. Plus au sud, vers le
77° lat. S., Borchgrevink a subi, en longeant la barrière de
glace, le 11 et le 19 février, en plein été, un froid de — 21
et — 24 degrés.

Les vents d'est et sud-est prédominent dans la terre Victoria, vents glacials, secs, soufflant en moyenne à 18 mètres
par seconde[1] et aggravant l'âpreté du froid. Ils ont été les
ennemis les plus redoutés par l'expédition.

Il est à remarquer que vers le pôle antarctique, de même
que vers le pôle arctique, toute tempête est annoncée par
une hausse momentanée du thermomètre (8 à 10 degrés),
qui précède la baisse du baromètre[2].

Un autre fait également signalé est à noter : c'est que la
radiation solaire, souvent très forte, n'agit pas sur la température de l'air ; un thermomètre, à l'air libre, marque 0°,
quand un thermomètre voisin à boule noire exposé à la
radiation solaire s'élève à 28 degrés et au-dessus. Un jour le
contraste a été de + 41° pour la radiation solaire et de — 13°
pour l'air ambiant.

Les nombreuses autres observations scientifiques[3] et les
collections[4] que l'expédition anglaise dirigée par le Dr Borch-

---

[1] Ils ont atteint deux fois la vitesse maximum 40 mètres par seconde
(144 kilomètres à l'heure).

[2] Dans la région arctique, au Groenland par exemple, on attribue cette
hausse à un courant atmosphérique qu'on désigne sous le nom de *Fœhn*.

[3] Le Dr Borchgrevink a signalé, comme l'a fait le Dr Cook à propos de
l'expédition belge, les désordres que la nuit polaire cause dans la santé
des hommes.

[4] Voir *Report on the collections of natural history made on the antarctic
regions during the voyage of the « Southern Cross »*, London, 1900.

grevink a rapportées sont appréciées comme d'excellents matériaux pour la peinture de la région antarctique [1].

La seconde expédition scientifique au pôle austral a donc justifié toutes les espérances qui étaient fondées sur les explorations prolongées pendant une année entière.

Son succès accroît la « fièvre du pôle Sud » qui, depuis le retour de de Gerlache, s'était emparée des savants.

En 1900, au moment où le Dr Borchgrevink rentrait, quatre expéditions à destination de l'Antarctide étaient en préparation. Les Sociétés de géographie allemande, suédoise, anglaise et écossaise s'étaient mises d'accord pour imiter la Société royale belge de géographie, mais avaient sagement décidé que chacune d'elles aurait un champ particulier d'exploration.

L'expédition allemande sous la direction du professeur Drygalski devait opérer dans l'océan Indien, vers l'est de l'Antarctide, et chercher si, entre 60° et 100° long. E, Wilkes avait eu raison de placer des terres, ou si la côte du continent, suivant une opinion accréditée en Allemagne, tournait vers l'ouest au 100° long. E.

L'expédition suédoise, sous la direction du Dr Otto Nordenskiold, devait, vers le sud-ouest de l'océan Atlantique, continuer les travaux de de Gerlache dans la région insulaire au sud de l'Amérique, et étudier la côte orientale des terres Louis-Philippe, Oscar II et Graham.

L'expédition anglaise dirigée par le capitaine Scott devait aller s'établir dans la terre Victoria et chercher à pénétrer dans l'intérieur, faisant des découvertes à l'est, au sud et à l'ouest de la mer de Ross.

L'expédition écossaise, dirigée par le Dr Bruce, devait

---

[1] Ces documents ont été dès le début utilisés dans l'*Antarctic Manual*, par M. Georges Murray, en 1901. Ils ont, depuis fourni matière à de nombreuses publications.

effectuer des recherches océanographiques dans la mer de
Weddell et la partie méridionale de l'océan Atlantique.

*
* *

L'expédition allemande est rentrée la première en Europe après avoir effectué une heureuse exploration.

L'empereur Guillaume II avait voulu que cette expédition, organisée et préparée de manière à faire honneur à l'Allemagne, eût un caractère uniquement scientifique. Il en avait donné le commandement à un membre éminent de l'Université, au professeur Drygalski[1], et placé sous ses ordres le capitaine Ruser qui était chargé de commander le navire destiné au voyage. Il avait donné à ce navire[2], construit à Kiel spécialement pour la navigation au milieu des glaces, le nom d'un mathématicien, *Gauss*, célèbre par des travaux sur le magnétisme.

Les instruments les plus perfectionnés ont été mis à la disposition des savants[3] composant la mission, et appelés à faire les recherches et les observations.

L'expédition admirablement organisée et outillée partit le 15 août 1901.

Le professeur Drygalski était convaincu de l'utilité de faire à toutes les latitudes les mêmes recherches scientifiques

---

[1] Le professeur Drygalski a fait un voyage au Groenland en 1892 et, en a publié le récit en 1898. Il avait été désigné comme le chef désiré de l'expédition polaire par les Sociétés savantes « Société allemande coloniale » et « Société allemande de géographie » qui s'étaient réunies le 16 janvier 1899 pour discuter un plan de l'expédition.

[2] Un modèle du *Gauss* a figuré dans l'Exposition universelle de Paris en 1900.

[3] La Commission scientifique se composait du professeur Drygalski, chargé des opérations d'océanographie, du Dr Werther Philippi chargé de la géologie et de la topographie ; du Dr Bidlingmaier, chargé des recherches magnétiques ; du professeur Vanhöffen, biologiste, du Dr Gazert, bactériologiste.

qui étaient projetées pour les hautes latitudes dans les trois océans. Il commença ces recherches dès qu'il eut franchi l'équateur et fut entré dans l'hémisphère austral[1].

Il multiplie les sondages dans l'océan Atlantique, entre l'île Saint-Vincent et le cap de Bonne-Espérance, puis dans l'océan Indien. Il recueille des observations de toute nature, soit sur mer pendant le voyage, soit dans les îles, Possession, Crozet, Kerguelen[2], Heard (archipel Macdonald), qu'il visite entre le 7 décembre 1901, jour de son départ du Cap, et le 3 février 1902 jour où il quitta l'île Heard.

Le Dr Drygalski avait résolu de pénétrer au delà de 63° lat. S., parallèle auquel s'étaient arrêtés Knox, Kemp et Wilkes, et de serrer la côte de près. Mais le *Gauss*, entré dans le « pack » le 13 février par 61° lat. S. et 95° long. E. rencontre des courants qui le portent constamment vers le nord et des vents d'est qui l'éloignent de la terre.

Il luttait vainement lorsque le 11 février, une violente tempête de neige le poussa à la dérive vers le nord-est avec des glaces tubulaires et des icebergs. Le 22 février, il était emprisonné dans de gros glaçons en face d'une terre inconnue par 66° lat S. et 90° long. E.[3].

---

[1] Le Dr Drygalsky tenait aussi à faire l'essai des divers instruments qu'il avait emportés afin d'être assuré de leur bon fonctionnement avant son arrivée dans les régions polaires australes.

Il désirait, en outre, connaître les qualités nautiques du *Gauss* qui était d'un type nouveau et qu'on avait construit en vue de la résistance à la pression des glaces. La vitesse de la marche avait été sacrifiée à la solidité.

[2] L'expédition séjourna un mois dans l'île Kerguelen. Elle arriva dans la baie de « l'Observatoire » le 2 janvier 1902. Elle devait y prendre un supplément d'approvisionnements envoyés d'Australie à son intention. La baie de l'Observatoire est l'emplacement qui avait été choisi en 1874 par les Anglais pour observer le passage de Vénus.

Le professeur Drygalski devait, en outre, procéder à l'installation d'un observatoire astronomique et magnétique de concert avec des savants, envoyés d'Allemagne, qui avaient passé par l'Australie.

[3] Le rapport officiel du professeur Drygalski, imprimé à Berlin le 10 juillet 1903, a été traduit dans *the Geographical Journal,* August 1903.

L'expédition allemande fut donc condamnée à hiverner sur la banquise, comme l'expédition belge; mais elle eut un double avantage : elle eut; assez près d'elle, à 70 kilomètres environ, une terre qu'elle put aborder, et la banquise sur laquelle elle établit son campement ne subit aucune dérive.

Cette immobilité, qui persista jusqu'au 30 janvier 1903 et qui fut très favorable pour les observations scientifiques, a été attribuée à différentes causes : le peu de profondeur de la baie, profondeur variant de 400 à 200 mètres ; l'épaisseur des blocs de glace, de 5 à 6 mètres, qui enserraient le navire ; les bas-fonds sur lesquels de grands icebergs étaient échoués; les vents d'est violents qui ont prédominé et qui pressaient la banquise contre la côte.

Les explorateurs n'eurent pas cependant une confiance absolue, constante, dans l'immobilité de cette masse compacte de glaces; et ils évitèrent, en été, de faire des excursions un peu longues, à cause des larges fissures qu'ils virent les tempêtes et les mouvements de houle de la mer produire dans la banquise à peu de distance de la station [1].

Dès le début, pendant les jours de calme qui favorisèrent l'installation du campement sur la banquise, le professeur Drygalski, le Dr Philippi et le capitaine Ruser réussirent, le 29 mars, à faire une ascension en ballon [2], et à prendre une vue générale de la contrée. Cette topographie, tracée pour ainsi dire à vol d'oiseau, leur servit pour organiser les explorations forcément restreintes par l'éloignement du littoral.

Autour de la baie, comprise entre 87° et 97° long. E. s'étend au loin une terre entièrement couverte de neige et présentant de continuels mamelons qui indiquent les ondulations du sous-sol, Drygalski nomme cette terre « Guillaume II », et la baie « Posadowski ».

---

[1] A 15 kilomètres vers le sud, à 6 kilomètres vers l'est.
[2] Ils s'élevèrent à 500 mètres, montant le ballon tour à tour.

A l'est, la côte est une muraille de glace ; à l'ouest, au bas de falaises abruptes flottent d'énormes glaçons qui sont désignés sous le nom de « glaces de l'ouest ». Au fond, en face du navire, non loin du littoral, une montagne peu élevée et dépourvue de neige montre son cône noir : elle est appelée « Gaussberg ».

Les expéditions, pendant les mois de mars et d'avril, furent courtes ; l'état de la glace sur la banquise ne permettait pas l'usage des traîneaux. Elles devinrent plus longues et plus intéressantes de septembre à décembre.

Le « Gaussberg » s'étant trouvé être un volcan éteint, fut une source d'inépuisables observations.

Après la dernière expédition [1], faite du 1er au 4 décembre, du côté des glaces de l'ouest, l'unique distraction des explorateurs fut la chasse des phoques qui se montraient dans les trous de la glace ; la surface de la banquise commençait à fondre et à craquer.

En janvier 1903 l'attention et les efforts furent concentrés sur la délivrance du *Gauss*. L'épaisse couche de glace, cause de sécurité pour l'hivernage, créa de longues difficultés à la sortie. Le travail fut long et pénible et dura jusqu'au 8 février 1903 : il n'aurait pas abouti si un changement soudain du temps n'avait pas déterminé la rupture de la banquise qui dériva avec le *Gauss*.

A peine ramené dans la mer libre, le professeur Drygalski reprend la lutte contre le pack, les icebergs, les brouillards et les ouragans. Il cherche une station propice pour un second hivernage, afin d'être prêt à recommencer en décembre la recherche du littoral de l'Antarctide.

Le 2 avril seulement, le commandant ne pouvant maîtri-

---

[1] Cette expédition faite avec deux traîneaux comprenait le professeur Drygalski, les Drs Philippi et Gazert et le capitaine Ruser.

ser le courant qui porte le *Gauss* au nord en dehors du pack, attendant, à chaque instant, d'être de nouveau emprisonné dans les glaces, menacé de n'avoir plus de charbon[1], se décide à abandonner la lutte par 64° lat. S. et 79° long. E.

Le *Gauss* passe successivement près des îles Kerguelen, Saint-Paul, Amsterdam, arrive le 31 mai à Port-Natal et le 9 juin 1903 à Simons-Town où il avait fait escale en 1901.

L'Expédition allemande rentrait en Allemagne en 1903, après vingt-huit mois d'absence dont quatorze passés sur les glaces polaires australes[2].

Elle a glorieusement rempli sa mission. Non seulement elle a démontré que la côte orientale de l'Antarctide se prolonge au delà de la terre de Knox et l'a découverte sur une longueur de dix degrés de longitude, mais elle a donné à l'Allemagne droit de conquête sur l'Antarctide et a inscrit le nom de Guillaume II auprès des noms d'Alexandre Ier, de Louis-Philippe, d'Oscar II et de Victoria.

Le professeur Drygalski revient avec la conviction que la terre de Termination, signalée d'ailleurs par Wilkes avec grande réserve, n'existe pas. A son avis, la côte orientale se prolonge jusqu'à la terre Enderby, puis descend vers le 71° lat. S. Il signale enfin, comme observations importantes, la profondeur de la mer près de la côte, la présence de la roche cristalline dans le sol, la formation volcanique du littoral où l'on rencontre du gneiss dans la lave.

La découverte d'un volcan (le premier qu'on ait pu visiter) a été justement appréciée comme un fait géologique d'une haute valeur. Le « Gaussberg » est le but de la pre-

---

[1] Le professeur Drygalski a lu à la Société royale de géographie de Londres (séance du 25 avril 1904), un très émouvant récit du voyage du *Gauss (the geographical Journal*, August 1904).

[2] Les opérations exécutées dans l'océan Atlantique et l'océan Indien occupèrent dix mois. Le séjour dans les îles visitées prit quatre mois.

mière expédition qui a été organisée en mars [1]; le Dr Philippi en fait l'ascension (366 mètres). Dans la seconde expédition, en avril[2], on y établit un observatoire de météorologie.
C'est encore vers lui que se dirigent presque toutes les grandes
expéditions [3], car il a pour tous les savants de la mission un
attrait considérable.

Ce n'est cependant pas uniquement sur la terre ferme
(volcan, moraines ou terrains environnants), qu'il faut voir
la mission scientifique à l'œuvre. Elle a travaillé partout :
dans le navire et sur la banquise où ont été installés deux
observatoires magnétiques, un observatoire météorologique,
un observatoire astronomique et un puits pour les sondages.

Elle apporte à la zoologie et à la biologie des observations
sur les phoques et les manchots, animaux très utiles [4] pour
l'alimentation, l'éclairage [5] et le chauffage; sur les pétrels
dont les nids encombrent le Gaussberg; sur le planckton et
la faune marine. Elle a des notes sur la formation, la forme
et la pesanteur des glaces. Elle a des recherches comparatives

[1] L'expédition a duré du 18 au 26 mars. Le docteur était parti avec deux
traîneaux, accompagné d'un officier du bord et d'un matelot. Il y fit quelques photographies et commença la collection des roches.

[2] Cette expédition dura du 4 au 16 avril. Le Dr Philippi installa cet
observatoire au pied de la montagne, et commença à faire des études
géologiques.

[3] 1° Expédition du 22 avril au 15 mai. Les professeurs Drygalski,
Vanhöffen, le biologiste, et le Dr Gazert, le bactériologiste, y prennent part.
Elle comprend quatre traîneaux (on compte pour chaque traîneau de sept
à neuf chiens).

2° Expédition du 16 septembre au 14 octobre. Le Dr Bidlingmaier, chargé
des observations magnétiques, accompagne les trois membres de la précédente excursion.

3° Expédition du 26 octobre au 5 novembre. Le Dr Philippi, le géologue,
explore avec deux traîneaux la contrée qui s'étend entre le Gaussberg et
le promontoire des glaces de l'ouest.

[4] 150 phoques et 500 manchots ont été tués, les manchots étant destinés habituellement à la nourriture des chiens.

[5] Il est à noter qu'à dater du 2 juillet 1902 on a pu produire sur le Gauss
de la lumière électrique.

sur le magnétisme terrestre en terre ferme et sur la banquise faites par des temps calmes, pendant des tempêtes,
et sous l'influence de l'aurore boréale.

Il est merveilleux que l'expédition allemande ait été si
féconde[1]. Elle n'a pas eu, il est vrai, de nuit polaire, mais
elle a eu des temps épouvantables pendant son hivernage.
Les tempêtes avec chute abondante de neige se succédaient
sans interruption pendant l'hiver ; le vent dominant était le
vent d'est. Telle était la violence des tempêtes qu'il fallut
tendre une corde entre le navire et les observatoires pour
aider au passage de l'observateur, et souvent s'abstenir de
sortir. La tempête durait de trois à cinq jours. Après l'hiver,
il y eut encore quelques tempêtes de neige ; mais plus courtes.

L'accumulation des neiges contre les cabines qui renfer-
maient les instruments scientifiques nécessita leur déplace-
ment au mois de juin ; il fallut leur donner l'abri d'un iceberg.

La pression moyenne barométrique[2] a été 740 millimètres.

Le froid, quoique rigoureux, a été moindre qu'au cap
Adare[3] : la température moyenne de l'année a été — 11°, la
moyenne des six mois d'hiver (mai à septembre) a été — 17°.
Le minimum du froid — 40°,8.

[1] De nombreuses publications se succèdent, renfermant des rapports sur
les travaux scientifiques de l'expédition. Voir la bibliographie insérée à la
fin du chapitre.

[2] La pression moyenne dans la station de la Belgica a été de 744^{mm}7 ;
celle dans la station du cap Adare 738^{mm}5.

[3] Voici les moyennes pour les stations de Borchgrevink et de Drygalski.

	Borchgrevink 71° lat. S. et 170° long. E.	Drygalski 66° lat. S. 90° long. E.
Mars	— 8°	— 8°
Avril	— 12°,2	— 15°,6
Mai	— 19°,9	— 13°,6
Juin	— 24°,9	— 17°,4
Juillet	— 22°,8	— 18°
Août	— 25°,3	— 21°,8
Septembre	— 24°,4	— 17°,4
Octobre	— 18°,8	— 12°,9
Novembre	— 7°,8	— 6°,5

Le thermomètre ne s'est élevé au-dessus du point de congélation que pendant dix journées. La température la plus chaude a été, le 2 janvier, + 3°,5, la moyenne de l'été — 1°,8.

Tels sont les résultats que le professeur Drygalski a rapidement indiqués en attendant le classement et la publication des observations et des collections ; ils promettent aux sciences, pour le tableau du monde antarctique, des documents d'une grande précision.

En outre, ils fournissent les éléments d'une intéressante comparaison entre la région de l'océan Atlantique et la région de l'océan Indien.

*
* *

L'expédition suédoise est rentrée en Europe dans la même année 1903, mais après avoir passé l'hiver de cette année (mars à octobre) dans les régions polaires australes.

Elle avait donc subi l'épreuve d'un double hivernage.

Le Dr Nordenskiold, qui avait, en 1899, dressé le plan de l'expédition et en avait reçu le commandement, avait insisté pour aller dans l'océan Atlantique méridional. Il était convaincu que les régions voisines de l'Amérique du Sud pouvaient être, comme d'ailleurs le capitaine Larsen l'avait dit, assez facilement explorées, et qu'elles offriraient d'intéressantes découvertes.

L'expédition part de Gothenborg, le 16 octobre 1901, sur un trois mâts norvégien, l'*Antarctic*, préalablement aménagé pour ce voyage.

Elle se dirige vers les îles Falklands et les îles Shetland[1].

[1] Voir pour les incidents du voyage de l'expédition suédoise conduite par le Dr Nordenskiold :

The Geographical Journal, February 1904-July 1904.

Revue de géographie, mai 1904, traduction du récit de Nordenskiold, par Gaudard de Vinci.

Recherches sur la constitution géologique des îles Falklands[1], sondages, observations scientifiques, tels sont ses premiers travaux. Sa première découverte est celle d'un littoral dépourvu de neige, dans l'île Nelson[2] (une des Shetland). Elle y débarque et trouve des mousses, des lichens et même quelques insectes informes ; tout le reste de l'île est couvert de neige.

Nordenskiold n'entre qu'en janvier 1902[3] dans le canal d'Orléans, premier but des travaux de la mission. Il constate que ce canal ne tourne pas vers le sud, comme le supposait Dumont d'Urville, mais remonte à l'ouest et rejoint le détroit de Gerlache.

Côtoyant vers l'ouest la terre Louis-Philippe, il cherche vainement un passage pour aller à la mer de Weddell, et reconnaît que cette terre est contiguë à la terre de Danco et que toutes deux, avec la terre de Graham, forment le littoral occidental d'un même continent.

Il revient sur ses pas, traverse le 15 janvier le détroit qui sépare l'île Joinville de la terre Louis-Philippe, détroit qu'il nomme « antarctique », entre dans le golfe auquel Ross a donné le nom de golfe Erebus et Terror et se dirige vers le sud-ouest en suivant, comme Larsen l'avait fait en 1894, le littoral oriental de la terre Louis-Philippe, de la terre Oscar II et de la terre de Graham.

Arrivé au 66e parallèle S., il a du côté de la terre une mu-

[1] D'après les observations de Nordenskiold, les îles Falklands diffèrent totalement de la Terre de Feu. Elles n'auraient pas été soumises à une puissante glaciation, et auraient subi l'influence du climat polaire alors que les mers avaient un niveau plus élevé, comme l'indiquent des étagements de terrasses d'origine marine avec coulées de pierres vers l'intérieur des terres.

[2] Dans la baie de « l'Harmonie » en janvier 1902.

[3] Nordenskiold a écrit à la Société de géographie de Berlin le 3 janvier 1902, étant en mer entre les Falklands et l'île des Etats (*Zeitschrift der Gesellschaft für Erdkunde zu Berlin*, 1902, p. 251).

raille de glace, et, en face de lui, une banquise infranchissable. Il tourne à l'est et prolonge, malgré les brouillards et le vent contraire, une excursion dans la mer de Weddell jusqu'au 45° long. O., où il trouve une profondeur de presque 3.600 mètres. Il revient chercher une station d'hivernage sur le bord de la baie de l'Amirauté.

Il établit son camp le 12 février 1902 par 64° lat. S. et 57° long. O. sur une petite île, voisine de l'île Seymour, au pied d'un glacier haut de 300 mètres environ que Ross avait dénommé Snow-Hill[1] et qui, sur une grande partie de ses pentes, montre le rocher dépourvu de neige. Il prend avec lui MM. Bodmann, Ekelof et Sobral[2], et renvoie le 14 février le navire l'*Antarctic* avec MM. Anderson et Skottsberg[3], ordre étant donné au capitaine Larsen de poursuivre la croisière dans les mers avoisinant les Shetland et la Georgie du Sud, en y opérant des débarquements, puis de revenir en décembre 1902 à Snow-Hill.

Un hiver rigoureux et hâtif s'oppose à toute excursion. Des tempêtes d'une violence inouïe[4] se succèdent sans inter-

[1] Cette montagne est formée de plusieurs mamelons couverts de neige, présentant du côté de la mer une falaise verticale de 50 mètres environ. Nordenskiold la décrit dans *la Géographie*, 15 janvier 1904, *Note sur les glaciers antarctiques*.

[2] Le Dr Bodmann était le savant chargé des observations météorologiques et magnétiques, le Dr Ekelof était le bactériologiste et le physicien de la mission scientifique, M. Sobral était un lieutenant de la marine argentine, prêtant son concours aux observations météorologiques.

[3] Le Dr Gunnar Anderson était le géologue, le Dr Skottsberg, le naturaliste ; ils avaient avec eux le lieutenant Duse qui s'occupait de cartographie. Ils ont publié les résultats de leurs remarquables recherches durant cette campagne, de février à décembre 1902, dans *the Geographical Journal*, année 1902, p. 405-408 et p. 498-502, sous les titres suivants : *The winter expedition of the Antarctic to South Georgia*, by Gunnar Anderson et *The geographical distribution of vegetation in south Georgia* by Skottsberg.

[4] Nordenskiold dit que ces vents projetaient des rochers et atteignaient une vitesse de 140 kilomètres à l'heure. Il en fait une description effrayante. *The Geographical Journal*, p. 38, July 1904.

ruption depuis le mois de mai. Elles viennent du sud-ouest et apportent des neiges abondantes. La période du 14 juillet au 14 août est surtout détestable avec un froid moyen de — 28°. Le thermomètre en août marque un froid maximum de — 41°.

A la fin de septembre, une grande expédition est entreprise. Nordenskiold côtoie les hautes montagnes de la terre Oscar II, dont de larges glaciers descendent. Il visite l'île Christensend qui est un volcan éteint; aperçoit un immense mur de glace s'étendant jusqu'au 66° lat. S. ; poursuit sa route malgré les ouragans et le froid, malgré les crevasses périlleuses, jusqu'à une distance de 640 kilomètres environ, et ne rentre que le 4 novembre 1902 au camp.

En novembre, c'est le voisinage de la station qui est exploré.

En décembre, l'île Seymour devient le but de fréquentes excursions. Les explorateurs mettent à profit quelques jours de calme pour fouiller les dépôts fossilifères que Larsen avait signalés. Dans le sud de l'île le dépôt paraît plus ancien, car il présente des ammonites; dans le nord, on ne rencontre plus d'ammonites, mais des coquilles marines, des plantes pétrifiées et quelques ossements de vertébrés entre autres d'un manchot monstre.

Le mois de janvier 1903 s'étant écoulé sans que l'*Antarctic* eût reparu, Nordenskiold se résigne à passer un second hiver à Snow-Hill ; il est persuadé qu'il ne sera pas abandonné. En conséquence il profite du mois de février, durant lequel il a, pendant quelques jours, la possibilité d'aller en bateau à l'île Seymour, pour y tuer des manchots et faire provision de phoques.

Le second hiver est moins rude que le premier : les ouragans sont moins fréquents, moins violents et moins longs. Toutefois, Nordenskiold ne tente aucune expédition avant le printemps, ayant résolu d'aller au nord de la station et de diriger les explorations du côté de la terre Louis-Philippe.

Il part le 4 octobre 1903, traverse le détroit de l'Amirauté et entre dans une baie qu'il avait aperçue en 1902. Il ne tarde pas à reconnaître que c'est l'ouverture d'un canal ayant à l'ouest les montagnes étrangement découpées de la terre Oscar II, puis celles de la terre Louis-Philippe ; à l'est, une série d'îles que domine le mont Haddington. Il donne le nom de « Prince Gustave » à ce canal qu'il parcourt jusqu'à son embouchure[1] dans le golfe Erebus et Terror.

Il arrive ainsi le 12 octobre au cap « Corry », promontoire qui s'avance dans le golfe Erebus et Terror, en face la terre Louis-Philippe.

La découverte de ce canal modifie complètement la carte qui représentait la terre Louis-Philippe. La partie occidentale de cette terre ne subit aucun changement, mais le canal en distrait la partie orientale qui, en réalité, n'était qu'une chaîne d'îles (voir la carte insérée ci-après p. 87).

Une tout autre conséquence de cette expédition fut la rencontre imprévue de deux des voyageurs de l'*Antarctic*. Du haut du cap, Nordenskiold aperçoit, en effet, sur la terre Louis-Philippe deux hommes dans le plus singulier des accoutrements qui se dirigent vers le sud. Il les rejoint et reconnaît le Dr Anderson et le lieutenant d'artillerie Duse.

Il apprend que l'*Antarctic* était parti d'Ushuaïhia le 6 novembre 1902, pour venir le chercher à Snow-Hill ; que le navire avait rencontré le « pack » épais vers le 61e parallèle, avait difficilement traversé le détroit de Bransfield, puis avait trouvé la route barrée par les glaces vers le canal d'Orléans. C'est alors que MM. Anderson et Duse avaient demandé, le 29 décembre, à débarquer pour aller

---

[1] James Ross, en 1843, en découvrant le golfe Erebus et Terror, avait annoncé comme très probable l'existence de ce canal.

prévenir Nordenskiold du contre-temps et du retard inévitable de l'arrivée de l'*Antarctic*. Ils espéraient pouvoir facilement atteindre Snow-Hill en traîneau. Ils n'avaient pas pu y réussir avant l'arrivée de l'hiver et ils avaient hiverné dans une cabane au pied du mont Bransfield au milieu de grandes souffrances, brûlant du lard de phoque pour se protéger contre le froid, et se nourrissant de manchots et de phoques.

Sans instruments, ils n'avaient pu faire aucune observation scientifique. Ils avaient cependant pris des notes pour tracer les cartes du canal d'Orléans et des lieux voisins de leur station ; et ils avaient eu l'heureuse chance de découvrir un gisement de plantes fossiles, différentes de celles de l'île Seymour, situé au nord-est dans la terre Louis-Philippe par 63° lat. S. et 57° long. O. Ils avaient quitté leur douloureuse station le 27 septembre pour se diriger, avec des skis, sur la glace, vers Snow-Hill[1]. Nordenskiold ramena joyeusement à Snow-Hill ses compagnons retrouvés, mais il conçut de tristes pressentiments sur le sort de l'*Antarctic*.

Il n'obtint aucun renseignement du lieutenant Irizard, qui arriva inopinément à Snow-Hill le 8 novembre 1903 : cet officier de marine avait été chargé par le gouvernement de la République Argentine[2] d'aller avec la canonnière *Uruguay* au secours de la mission suédoise et de la rapa-

---

[1] Voir le récit *the Sledge expedition from the Antarctic* fait par le docteur Gunnar Anderson de cet hivernage involontaire (*the Geographical Journal*, February 1904, p. 218).

[2] Le départ de l'*Antarctic* en novembre 1902, pour aller chercher Nordenskiold à Snow-Hill, était connu en Europe. Aucune nouvelle n'ayant été reçue de l'expédition pendant le premier semestre de 1903, on s'occupa en Suède de l'envoi d'un navire à sa recherche. Le gouvernement de la République Argentine, sur la demande du sénateur Moreno, devança le gouvernement suédois, et expédia une de ses canonnières, l'*Uruguay*, sous le commandement du lieutenant Irizard. Ce navire parti de Buenos-Ayres le 8 octobre arriva à l'île Seymour le 6 novembre 1903.

trier. Mais il apprit par Larsen lui-même, presque aussitôt après la visite du lieutenant Irizard, le sort tragique du navire.

L'*Antarctic*, après le débarquement de MM. Anderson et Duse, avait traversé le canal Antarctique et fait le tour de l'île Joinville pour revenir vers le golfe Erebus et Terror. Pris par une violente tempête le 10 janvier 1903 il avait été poussé vers la côte, et finalement, s'était immobilisé dans les glaces près de l'île Dundee. La tempête faisant rage, il avait reçu le choc d'un gros glaçon qui brisa le gouvernail, tordit l'hélice et détermina une voie d'eau. Emporté à la dérive dans le golfe Erebus et Terror, il avait fini par être brisé le 12 février 1903 sous la pression des glaces. Le capitaine Larsen et tout l'équipage s'étaient réfugiés sur trois bateaux qui réussirent, après une lutte héroïque contre les icebergs, contre les dérives des glaces et les vents, à aborder dans l'île Paulet. Les naufragés au milieu des plus dures privations y avaient passé un très triste hiver. C'est de cette île que Larsen, la température s'étant adoucie au printemps et la mer étant libre, partit en bateau le 30 octobre pour aller chercher du secours à Snow-Hill. Il aborda à l'île Cockburn le 8 novembre, et de là marcha sur la glace jusqu'à Snow-Hill où il arriva le 9 novembre [1].

L'*Uruguay* prit Nordenskiold et ses compagnons, tous

---

[1] Le Dr Nordenskiold a fait un récit très émouvant de ces divers événements : rencontre avec Anderson, arrivée du lieutenant Irizard, apparition de Larsen, naufrage de l'*Antarctic*, dans *the Geographical Journal*, July 1904, p. 45 et suiv.

Le rapport adressé le 21 décembre 1903 au Ministre de la marine par le lieutenant Irizard sur les incidents de son voyage a paru dans *the Geographical Journal*, May 1904, p. 580 et suiv. Ce rapport contient de très intéressants détails sur les îles qui ont été aperçues pendant le voyage de l'*Uruguay*, sur l'arrivée et le débarquement à l'île Seymour, sur les péripéties de la navigation de l'*Antarctic* dans le golfe, sur les dépôts d'approvisionnements laissés par l'*Uruguay* à l'île Seymour et à l'île Paulet. L'*Uruguay* rentra dans le port le 1er décembre 1903.

si heureusement réunis après de si cruelles péripéties, passa à l'île Paulet pour recueillir les autres naufragés, et rentra à Buenos-Ayres le 3 décembre 1903, ayant accompli sa mission de sauvetage avec un plein succès.

Le Dr Nordenskiold, de retour en Europe en janvier 1904, a donné les détails de son expédition. Les recherches scientifiques[1] sont les premières qui offrent la valeur de recherches poursuivies pendant deux années consécutives.

Les cartographes reçoivent le complément de la carte commencée par l'expédition belge ; ils ont les relevés de toute la partie des régions australes, au sud de la Terre de Feu, comprise entre le 55° et le 65° long. O., et descendant jusqu'au 66° parallèle S. Le canal d'Orléans rejoint le détroit de Gerlache ; la presqu'île, terminant l'Antarctide, est complètement rectifiée. La terre nommée « Danco » par de Gerlache est reliée à l'ouest avec la terre de Graham, et à l'est avec la terre Louis-Philippe. La côte orientale de la presqu'île présente des plateaux beaucoup moins élevés[2] que la côte occidentale ; on y rencontre des murailles de glace formant bordure. L'extrémité de la terre Louis-Philippe a été rétrécie par un large canal curviligne (le canal du prince Gustave), qui en a détaché diverses îles. La plus grande de ces îles nommée par Nordenskiold île « Ross » renferme le mont Haddington. Il y a donc un archipel septentrional comprenant les îles Joinville, Dundee, Ross, Seymour, et un archipel méridional comprenant les îles Lindenberg, Jason, Christensend, etc., et toutes les îles qui sont comprises entre l'île Seymour et l'île Robertson.

---

[1] Deux importants documents, l'un du Dr Nordenskiold et l'autre du Dr Gunnar Anderson ont été publiés dans *the Geographical Journal*, February 1904, p. 207 à 218. Des rapports plus complets ont paru, et de nouvelles publications sont annoncées.

[2] Cette configuration du sol et l'étude de sa constitution géologique, donnent à cette contrée une grande analogie avec la Patagonie.

Il n'y a plus ni terre Palmer ni terre Trinité ; la découverte du détroit de Gerlache a démontré leur insularité.

Aux géologues l'expédition suédoise n'apporte pas seulement les roches cristallines, granits, porphyres, etc., re-

cueillies sur le continent et les roches volcaniques prises
dans les petites îles latérales, collections qui doivent aider
à établir la constitution et l'étendue ancienne de l'Antarctide, elle leur donne encore à étudier des fossiles qui éveil-
lent le souvenir d'une époque où les terres australes étaient
couvertes de végétation. Ici, sont les plantes, les coquilles
marines, les ammonites et les vertébrés que le Dr Nordenskiold a trouvés autour de Snow-Hill, à Cockburn et dans l'île
de Ross au milieu de grès. Là, sont les plantes jurassiques
découvertes par le Dr Anderson au pied du mont Bransfield,
près de cette baie de « l'Espérance » où il subit un si douloureux hiver : au dire des savants, cette flore jurassique (cyca-
dées, conifères, fougères) surpasse, par sa richesse en espèces,
les flores jurassiques connues de l'Amérique du Sud [1].

Les météorologistes peuvent, pour la première fois, étudier des observations faites, jour et nuit, sans interruption
pendant deux années [2] dans une même station. Ils ont un
exemple de la variabilité extrême du climat, et des grandes
différences de température que présentent soit deux mois
d'une même saison, soit le même mois dans deux années différentes, soit les moyennes des deux années.

[1] Voir dans la *Géographie*, 15 juillet 1904, la note sur les travaux paléon-
tologiques de l'expédition suédoise.
[2] Station de Snow-Hill, 64° lat. S. et 57° long. O.

	Année 1902	Année 1903
Janvier	»	— 0°,9
Février	»	— 3°,5
Mars	— 9°,5	— 11°,4
Avril	— 13°,4	— 14°,2
Mai	— 17°	— 19°,4
Juin	— 18°,1	— 21°,3
Juillet	— 24°,4	— 17°,3
Août	— 22°,5	— 16°,4
Septembre	— 14°,3	— 17°,1
Octobre	— 12°,7	— 6°,4
Novembre	— 8°,1	»
Décembre	— 2°	»

Ils ont, de plus, la preuve de l'influence considérable que les vents exercent sur la température. Pendant l'année 1902 où l'hiver fut très froid et l'été également froid, les vents du sud-ouest ont soufflé en tempêtes dès le mois de mai, et ont régné tout l'hiver amenant les glaces dans le golfe Erebus et dans le détroit de Bransfield et engendrant d'abondantes neiges à Snow-Hill. Pendant l'année 1903 où la mer fut moins encombrée de glaces les vents du nord et du nord-nord-ouest ont prédominé ; ils sont chauds et amènent les brouillards.

On a remarqué qu'en 1902 des jours calmes et relativement chauds succédaient aux grandes tempêtes ; tandis qu'en 1903 il y eut un plus grand nombre de journées calmes mais froides.

L'expédition suédoise, par ses sondages dans le détroit de Bransfield, a révélé un fait curieux : la température des eaux dans le fond du détroit, à 1500 mètres de profondeur, est beaucoup plus froide que dans les autres parties des mers antarctiques [1]. Ce fait semble prouver que le détroit de Bransfield forme un bassin isolé de l'océan par des seuils sous-marins.

En ce qui concerne la bactériologie, il a été possible « de constater la présence d'une flore relativement riche, également distribuée dans les couches supérieures du sol, tandis que l'atmosphère, comme d'ordinaire dans les régions arctiques, est très pauvre en bactéries [2] ». Ces renseignements seront à compléter par les curieuses observations bactériologiques que l'expédition allemande a recueillies en assez grand nombre.

[1] La température des eaux est de — 1°,65 dans le fond du détroit et partout ailleurs au fond des mers antarctiques est de — 0°,4.
L'hydrographie et la biologie du même détroit ont offert d'autres curieux résultats.
[2] *Revue de géographie*, mai 1904. Récit de Nordenskiold, traduit du suédois par Gaudard de Vinci.

Parmi les phénomènes glaciaires, le Dr Nordenskiold a principalement étudié la stratification parallèle que certains blocs de glace présentent.

Il y avait près de Snow-Hill, un mur de glace rayé horizontalement de barres alternativement bleue et blanche. Le Dr Nordenskiold a reconnu que ces séries de barres correspondaient à des chutes de neige qui se superposent. La partie supérieure de la neige demeure blanche, tandis que la partie inférieure brunit parce que des grains de poussière, nommés « Kryokonites[1] », répandus dans l'atmosphère, ont été mélangés à la neige ; ceux-ci, descendant à travers la couche de neige, se sont peu à peu réunis à la glace qui se formait dans le bas.

L'expédition suédoise peut revendiquer, outre ces résultats, les travaux exécutés dans l'île de Georgie, pendant que Nordenskiold était à Snow-Hill[2].

Ainsi ont été réalisées les prévisions qu'énonçait le docteur Nordenskiold de recherches fécondes dans cette partie de l'Antarctide, où il y a une plus grande étendue de terres dépourvues de neige, et qui ressemble à l'Amérique du Sud.

*
* *

A la fin de l'année 1903, lorsque l'expédition suédoise fut retrouvée, on commençait à s'inquiéter en Angleterre du sort de l'expédition anglaise.

---

[1] Voir *la Géographie*, 15 janvier 1904, note du Dr Nordenskiold ; — et *Revue de Géographie*, mai 1904, traduction par Gaudard de Vinci, du récit officiel du savant docteur.

Déjà dans son voyage au pôle Nord, le Dr Nordenskiold avait fait la même remarque.

[2] Ils ont été exposés dans les récits suivants déjà mentionnés :

A. Anderson (J. Gunnar), the Winter expedition of the Antarctic to South Georgia *(Geographical Journal*, 1902). — Scottsberg, The geographical distribution of vegetation in South Georgia *(ibidem).*

Cette expédition était partie de Cowes sur le navire la *Discovery*, le 6 août 1901, pour la terre Victoria. Comme la possibilité d'un second hivernage avait été admise, la Société royale de géographie et la Société de géographie avaient jugé prudent de lui envoyer du charbon et des approvisionnements et avaient expédié en octobre 1902, sous le commandement du capitaine Colbeck, le trois-mâts le *Morning*, acheté en Norvège[1]. Elles avaient appris, par ce navire rentré à Lyttelton (Nouvelle-Zélande) le 23 mars 1903, que la *Discovery* avait été retrouvée, le 23 janvier 1903, emprisonnée dans des glaces, par 77° lat. S., au pied du mont Terror, et qu'elle avait été ravitaillée parce que l'expédition avait résolu de prolonger son séjour.

Mais, en même temps, elles étaient prévenues par le capitaine Colbeck, qu'à cause de l'épaisseur des glaces environnant la *Discovery* et de leur étendue sur plus de 6 kilomètres, il était prudent de prévoir l'impossibilité de dégager le navire. Elles avaient donc préparé l'envoi de deux bâtiments, le *Morning* et la *Terra-Nova*, destinés à sauver l'équipage dans l'hypothèse de l'abandon de la *Discovery*. Ces navires étaient partis en décembre 1903, et on attendait avec anxiété des nouvelles de la terre Victoria.

L'heureuse arrivée de la *Discovery* à Lyttelton le 29 mars 1904 a dissipé ces inquiétudes.

Son entrée dans le port de Portsmouth, le 10 septembre 1904, a été saluée de chaleureux applaudissements[2].

Sans attendre les résultats des recherches scientifiques si

[1] Ce navire portait le nom de *Morgen*.
Il était parti de Lyttelton le 6 décembre 1902 pour la terre Victoria. Il trouva le 18 janvier 1903, dans un cairn au cap Crozier, un document lui indiquant le lieu d'hivernage de la *Discovery*. Il rejoignit ce bâtiment le 23 janvier 1903 et, après l'avoir ravitaillé, repartit le 4 mars.
[2] Lire le récit de la brillante réception faite à Portsmouth et à Londres au capitaine Scott et à son équipage, *the Geographical Journal*, octobre 1904.

intéressants en raison de la haute latitude, 78° lat. S., à
laquelle elles se rapportent, il est possible d'indiquer les
découvertes géographiques dont s'enorgueillissent les Sociétés savantes anglaises, et qui constituent une œuvre excep-
tionnelle d'exploration pour les annales du pôle antarctique.
Ces découvertes sont signalées, pour ce qui concerne l'année
1902, dans le court rapport apporté en 1903 par le *Morning*[1], et pour ce qui concerne l'année 1903 dans la dépêche
télégraphique dont la Société royale de géographie a reçu
communication au mois de mai 1904[2].

L'expédition a été vraiment nationale et a excité un intérêt
général. Elle a été organisée par la Société de géographie et
par la Société royale de géographie. Elle a été fortement
appuyée par le gouvernement qui a fourni la moitié des fonds,
soit 1.125.000 francs ; une souscription publique donna
l'autre moitié[3]. Un navire spécial a été construit et rien n'a
été négligé pour son installation. L'équipage, officiers[4] et
matelots, a été pris dans la marine de l'Etat. Les instruments
pour les observations scientifiques[5] ont été choisis avec soin.

---

[1] Le capitaine Scott l'a adressé le 23 février 1903 aux présidents des
deux Sociétés de géopraphie. Il a été lu dans la séance du 10 juin de la
Société royale de géographie et inséré dans *the Geographical Journal*,
July 1903, p. 20 et suiv.

Il a été, en grande partie, traduit par M. le professeur de Lapparent :
le Correspondant, 10 octobre 1903.

[2] Communication du président, sir Clements Markham, insérée dans *the
Geographical Journal*, May 1904, p. 549.

[3] Le total des capitaux a été évalué à 2.250.000 francs, tandis que de
Gerlache eut toutes les peines du monde à réunir 300.000 francs.

[4] Robert Scott, commandant; Armitage, 2ᵉ commandant; Rawson Royds,
1ᵉʳ lieutenant; Barne, 2ᵉ lieutenant; Shackleton, 3ᵉ lieutenant; Skelton,
ingénieur électricien.

[5] La Commission scientifique comprenait MM. Kœttlitz, botaniste; Wilson,
zoologiste; Bernacchi, physicien ; Hodson, biologiste ; Ferrar, géologiste.
Les officiers avaient, auprès d'eux, un rôle de savants : MM. Armitage et
Barne devaient s'occuper de magnétisme; Royds, de météorologie ; Shackleton, d'océanographie.

Le nom de *Discovery* fut donné au navire afin d'indiquer que le but principal de l'expédition était de faire des découvertes.

Le commandant Scott, dans le but d'habituer ses officiers aux observations scientifiques et d'éprouver son navire, visita Madère, la Trinitad, le Cap, les îles Macquarie, Auckland et la Nouvelle-Zélande[1]. Il atteignit, dans cette excursion préalable, le 62° parallèle S. par 140° long. E.

Il commença son véritable voyage dans les régions polaires australes le 24 décembre 1901, partant de port Chalmers[2] (Nouvelle-Zélande) pour la terre Victoria. Il franchit le cap Adare le 9 janvier 1902, ayant à lutter contre des glaces épaisses et une tempête du nord-est. Il ne peut d'abord pas opérer les débarquements qu'il projetait sur la côte orientale précédemment visitée par Borchgrevink ; mais à dater du 12 il a beau temps. Il note les baies, les promontoires, les glaciers[3], et signale notamment une baie abritée qu'il explore, et où il trouve une certaine végétation (mousse et lichen).

Le 22 janvier, il atteint le cap Crozier, au pied du mont Terror. Il le gravit, entouré de nids de manchots, jusqu'à 400 mètres environ, pour voir la barrière de glace.

Se tenant aussi près de la barrière que le temps très variable le permet, mesurant les différences de hauteur (10 à 60 mètres), multipliant les sondages, Scott arrive au 165° long. O., point limite indiqué par Ross et par Borchgre-

---

[1] Deux savants auxiliaires avaient été embarqués pour enseigner aux officiers la pratique des observations: l'un d'eux, M. Hugh Robert Mill, s'arrêta à Madère et écrivit le récit du voyage de Londres à Madère ; l'autre, M. Georges Murray, alla jusqu'à la Nouvelle-Zélande et écrivit le voyage de Madère au Cap. Voir *the Geographical Journal*, April 1902.

[2] La *Discovery* était arrivée à la Nouvelle-Zélande le 28 novembre et avait séjourné à Lyttelton d'où elle partit le 21 décembre.

[3] Voir le récit du capitaine Scott « Brief Summary of proceedings » dans *the Geographical Journal*, July 1903, p. 20 et suiv.

vink. Là, il reconnaît que la barrière se prolonge vers le
nord-est, sous forme d'une colline de neige ondulante, haute
de 250 à 300 mètres. Il la suit et a la chance de découvrir, le
30 janvier, malgré des tempêtes de neige, des falaises derrière lesquelles s'élèvent des montagnes de 600 à 900 mètres
de haut, et qui se terminent par un promontoire ressemblant
au cap Adare. La sonde indique 180 mètres de profondeur,
et les manchots sont là nombreux. C'est une apparition nouvelle de l'Antarctide par 76° lat. S. et 152° long. O. Scott
donna à cette terre nouvelle le nom de « terre Edouard VII ».
Elle devient la prolongation de la terre Victoria vers l'ouest.

N'osant pas se risquer dans l'inconnu au milieu des glaces
qui l'environnent de tous côtés, et ayant d'ailleurs à chercher une station pour hiverner, il revient vers le mont Terror. Pendant le trajet[1], il trouve un jour favorable (le 4 février 1902) pour une ascension en ballon; il s'élève à
230 mètres et découvre, derrière la barrière de glace, des
chaînes parallèles de hautes montagnes couvertes de neige
qui se dirigent vers le sud. Il les nomme « monts Parry ».

C'est le 8 février que Scott choisit au sud du mont Terror,
par 77° lat. S. et 166° long. E., l'emplacement de son campement. A peine installé il organise des explorations dans le
voisinage du camp : une de ces courtes explorations[2] faites
durant l'hiver, constate que les volcans Erebus et Terror

---

[1] Le lieutenant Armitage, durant ce même trajet du retour, put franchir
la barrière de glace par une échancrure et pénétra de 15 kilomètres dans
l'intérieur. Il traversa en traîneau sur la glace plusieurs des ondulations
que présente la plate-forme de la barrière.

L'ascension du commandant Scott et l'expédition d'Armitage eurent
lieu le même jour; la *Discovery* était arrêtée dans une baie formée vers
l'échancrure de la grande barrière, baie remplie de phoques.

[2] C'est pendant une de ces courses que les officiers Royds et Skelton
réussirent à aller déposer dans un cairn, au cap Crozier, une note indiquant la position du lieu d'hivernage de la *Discovery*.

sont situés sur une île assez éloignée de la côte orientale de la terre Victoria.

Mais sa principale préoccupation est de se préparer aux grandes excursions projetées pour le printemps. Il exerce sa troupe à gravir et descendre des glaciers, ou à courir sur la glace avec des skis. Il cherche à de certaines distances des endroits propices pour établir des entrepôts de vivres. Le commandant Scott, en effet, ayant accompli si heureusement l'exploration vers l'est, tient à faire les autres explorations vers le sud et vers l'ouest, qui ont été inscrites sur son programme et il sait qu'il ne doit attendre aucune ressource de ces déserts de glace.

Les explorateurs de la contrée vers le sud, Dr Wilson, commandant Scott, lieutenant Shackleton, quittent le camp le 2 novembre, atteignent le 80° parallèle. Le 27 novembre, ils dépassent le 82° parallèle par 163° long. E. ; le 30 décembre, ils s'arrêtent à une sorte de carrefour rempli de gros blocs amoncelés et entouré de hautes montagnes à parois infranchissables qui se dirigent de différents côtés. Ils reviennent au camp où ils arrivent le 3 février 1903. Ils avaient voyagé 93 jours et avaient parcouru 1570 kilomètres.

Pendant qu'ils pénétraient dans le sud, ils apercevaient fréquemment, plus ou moins proche, le prolongement de la chaîne de montagnes qui ferme la côte orientale de la terre Victoria depuis le cap Adare jusqu'au 78° parallèle. Un double résultat était donc obtenu : la réussite d'un voyage dans l'intérieur vers le sud et la constatation que la côte orientale se prolonge jusqu'au 83° lat. S.

Ce record de pénétration vers les plus hautes altitudes n'a été atteint qu'au prix de souffrances inouïes [1].

---

[1] Le lieutenant Shackleton a été obligé de partir avec le *Morning* et de retourner, épuisé, en Angleterre.

D'autres dangers (ceux inhérents aux ascensions des hautes montagnes, tels que la raréfaction de l'air, les crevasses, les chutes sur les pentes glacées, abruptes) mirent à l'épreuve l'énergie des explorateurs qui ont attaqué vers l'ouest la terre Victoria. Il fallut, en effet, pour franchir les hautes montagnes qui bordent la côte, gravir les glaciers. C'est ainsi que deux officiers, Armitage et Skelton, et leurs compagnons [1] ont pu, tantôt escalader les fleuves de glace avec les skis, tantôt courant sur la neige des vallées avec les traîneaux sans le secours d'aucun chien aller jusqu'à 220 kilomètres du camp et s'élever à près de 3000 mètres [2] par 78° lat. S. et 157° long. E. Partis le 29 novembre, ils rentraient au camp le 19 janvier 1902.

Dès la première année, l'expédition anglaise a donc, avec des prodiges de courage, exécuté son programme en entier.

A l'ouest, la terre Edouard VII est découverte et le 152° long. O. est atteint par le 76° parallèle.

Au sud, une excursion dans la terre Victoria dépasse le 82° parallèle par 164° long. E.

A l'est, une ascension sur les montagnes réputées inaccessibles est poussée jusqu'au 157° long. E. par le 78° parallèle, et fait découvrir l'immense plateau de neige qui

Les dix-huit chiens moururent durant le trajet et les explorateurs furent obligés de s'atteler aux traîneaux.

Les voyageurs eurent à souffrir de la faim, la contrée n'offrant aucune ressource, et les provisions déposées préalablement le long de la route ayant été insuffisantes.

[1] Le groupe des explorateurs destiné à aller vers l'ouest comprenait : le lieutenant Armitage, M. Sketton, le D[r] Kœttlitz le botaniste, M. Ferrar le géologue, et quatre matelots. Le 9 décembre après être parvenus à 1300 mètres d'altitude et à 85 kilomètres du campement, MM. Kœttlitz et Ferrar abandonnèrent la partie, laissant les deux marins poursuivre l'ascension.

[2] Cette altitude dans l'Antarctide correspond à celle de 5700 mètres sur notre continent parce que le niveau du sol de l'Antarctide correspond au niveau des neiges éternelles qu'on place ordinairement dans nos chaînes de montagnes à 2.700 mètres du sol environ.

s'étend entre les sommets de ces hautes montagnes parallèles au littoral.

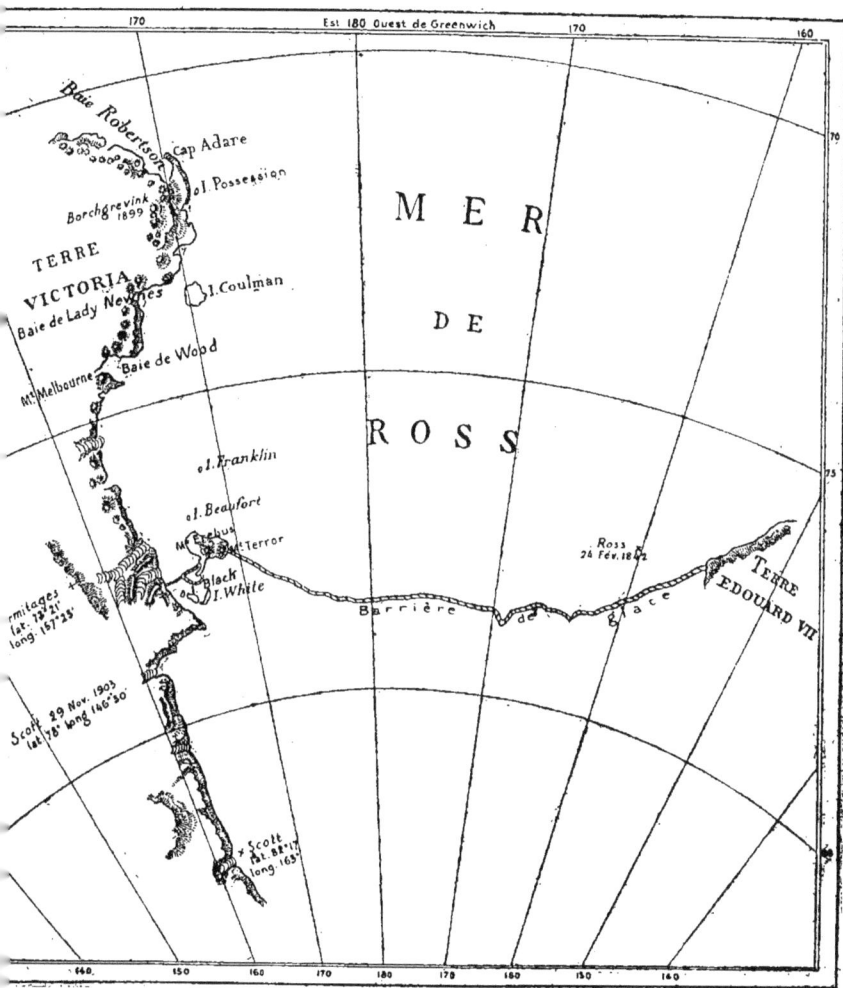

Pendant l'année 1903 l'œuvre est poursuivie[1], malgré le

[1] *La Géographie*, 1904, 15 avril. M. Charles Rabot donne les premiers renseignements sur l'expédition écossaise et sur l'expédition anglaise.
The Geographical Journal, May 1904, Sir Clements Markham commu-

froid qui est souvent de — 40°, et qui a atteint — 56° en septembre, avec une ardeur que les succès de l'année précédente surexcitent.

Le commandant Scott reprend la route ouverte en 1902
par le lieutenant Armitage, vers l'ouest. Accompagné de
MM. Skelton et Ferrar, et se tenant toujours près du 78ᵉ parallèle, il traverse le méridien magnétique par 155° long. E.
le 20 novembre[1]. Devant les dangers de la route, il poursuit
seul avec deux de ses matelots jusqu'au 146ᵉ méridien Est.
De là il n'aperçoit des montagnes que vers les côtes ; partout
ailleurs s'étend un plateau couvert de névé : il est à 432 kilomètres du camp et à 2700 mètres d'altitude. Scott ne croit pas
devoir prolonger sa téméraire et périlleuse entreprise. Il
revient au camp d'où il était parti le 26 octobre et y arrive
le 24 décembre 1903.

Le Dʳ Ferrar, qui avait quitté Scott le 11 novembre, a la
chance de découvrir dans une vallée bordée de rochers nus,
des moraines et du grès portant empreintes de plantes.
C'était la preuve de l'extension d'anciennes glaciations,
découverte d'une valeur inappréciable pour l'histoire des
évolutions géologiques de l'Antarctide[2].

nique à la Société royale de géographie les documents sommaires qu'il a
reçus du commandant Scott sur les principaux incidents du second hivernage.

Aucun autre nouveau fait n'a été publié depuis le retour du commandant Scott en Angleterre.

[1] Les explorateurs étaient partis le 12 octobre, mais avaient dû, après
avoir parcouru 128 kilomètres et s'être élevés à 1500 mètres, revenir au
camp par suite d'une avarie de traîneau. Ils repartirent le 26 octobre,
subirent le 4 novembre une effroyable tempête à une altitude de 2100 mètres. Alors il fut décidé que M. Ferrar n'irait pas plus loin. Peu après,
le 22 novembre, le commandant Scott, étant résolu à poursuivre la route
malgré un froid intense et un vent d'ouest très douloureux, se sépara de
Skelton qui revint au camp. Il acheva seul sa périlleuse expédition.

[2] Le président de la Société royale de géographie de Londres la carac-
térise ainsi : « This great discovery is alone worth the whole coste of the
expedition » (The Geographical Journal, May 1904, p. 551). M. Ferrar était
rentré au camp le 11 décembre sans accidents.

Vers l'est, la barrière de glace devient l'objet d'une étude spéciale. Sa façade septentrionale était jusqu'à ce jour seule connue. Le lieutenant Royds et le Dr Bernacchi pénètrent dans l' « inlandsis » au sud-est, et dans une excursion qui dure du 10 novembre au 10 décembre, vont jusqu'à 256 kilomètres du camp. Ils arrivent au 176° long. E. par 79° 1/2 lat. S. Ils reconnaissent que la muraille de glace est très épaisse et flotte encore à une grande distance de son bord septentrional sur la mer de Ross. Ils n'ont pas aperçu la terre et sont constamment demeurés sur la plaine glacée.

Le lieutenant Barne, parti le 6 octobre pour le sud-ouest, se dirige vers une ouverture que Scott avait remarquée l'année précédente dans la chaîne de montagnes qui suit la côte orientale de la terre Victoria. Il l'atteint vers le 80° parallèle par 161° long. E., après une lutte pénible et dangereuse contre le mauvais temps. Il reconnaît que c'est une vallée encombrée par les neiges et inabordable. Il a la bonne fortune, dans cette excursion, de trouver le point de jonction de la barrière de glace avec la terre et de constater son mouvement vers l'est. Le lieutenant Barne est de retour au camp le 13 décembre 1903.

L'expédition anglaise a donc, par les trois grandes explorations accomplies en 1903 comme en 1902, rempli son programme. Elle a fait des découvertes à l'est, au sud et à l'ouest dans l'intérieur de la terre Victoria.

Le mois de janvier 1904 fut employé à faire des essais pour délivrer la *Discovery* des glaces épaisses de 3 mètres environ qui l'environnaient. Les deux navires, le *Morning* et la *Terra-Nova*, envoyés sous le commandement du capitaine Colbeck, étaient arrivés le 5 janvier 1904, avec ordre d'abandonner la *Discovery* si elle ne pouvait être dégagée, et dans tous les cas de ramener le personnel de l'expédition. Tous les efforts avaient échoué et le déménagement de la *Discovery* était commencé, lorsqu'au mois de février, la température s'y prêtant, il fut possible aux deux navires sauveurs de briser la glace et de se rapprocher de la *Discovery*.

Le 19 février, la délivrance était enfin obtenue, et la *Discovery* ayant, non sans avoir couru de grands dangers, recouvré la liberté se dirigeait vers les îles Ballény. Elle les rencontrait le 2 mars. Elle atteignait le 156° long. E., non loin de la terre Adélie ; et prenait alors la direction des îles Auckland où elle rejoignait, le 15 mars, le *Morning*. Les deux navires arrivaient le 29 mars 1904[1] à Lyttelton.

Le récit des diverses expéditions faites pour explorer les environs du camp et l'exposé des recherches scientifiques répétées pendant deux années consécutives sont impatiemment attendus.

Les observations magnétiques auront un très grand succès : la position du pôle magnétique Sud dans l'année 1903 a été déterminée avec certitude.

Les documents recueillis pour la météorologie, la géologie, l'histoire naturelle et l'océanographie, offrent une importance particulière à cause de la haute latitude, complètement inconnue, d'où ils proviennent. L'exploration de la fameuse barrière de glace, colossal bloc flottant, aidera sans doute à la solution du problème depuis longtemps posé des curieux phénomènes glaciaires.

Mais les découvertes géographiques déjà connues suffisent, quelle que puisse être d'ailleurs la valeur des résul-

---

[1] Le récit de tous les événements de l'année 1904, de la lutte contre les glaces pour la délivrance de la *Discovery*, du dernier voyage, tel qu'il a été sommairement écrit par le commandant Scott, a été publié dans *the Geographical Journal*, July 1904. La *Terra-Nova* était arrivée aux îles Auckland le 19 mars et c'est elle qui remit du charbon à la *Discovery* pour achever le voyage. Le *Morning* n'arriva que le 23 mars dans ces îles.

tats scientifiques, pour mettre hors de pair l'expédition anglaise dirigée par le capitaine Scott, et lui assurer le même éclat que conserve la célèbre expédition du commandant James Ross.

Cette expédition, inscrite sous le nom d'expédition Scott dans les annales des régions australes, aura la gloire d'avoir, la première, marché à la conquête du pôle antarctique.

*
* *

L'expédition écossaise, seule des quatre expéditions européennes qui devaient partir dans l'an 1901, a subi un retard. Elle n'est sortie de la Clyde que le 2 novembre 1902. Le trois-mâts norvégien, acheté par le Dr Bruce, chef de l'expédition, avait dû être transformé.

Le bâtiment, prêt à braver le pack des mers australes, fut nommé *Scotia* et placé sous le commandement du capitaine Robertson, baleinier expérimenté.

Le but du Dr Bruce était l'exploration océanographique de la mer de Weddell. Il avait, pour l'aider dans ses recherches scientifiques, le concours de M. Mossman, météorologiste, du Dr Pirie, géologue, de M. Rudmose Brown, botaniste, de MM. Brown et Wilton, zoologistes.

Il n'a pas mieux réussi que ses prédécesseurs à retrouver cette mer libre dans laquelle, en 1823, Weddell, favorisé par un temps exceptionnel, naviguait par 74° lat. S. et 34° long. O. et qui, d'après l'opinion du capitaine anglais, devait se prolonger vers le sud. Cependant le Dr Bruce a fait deux campagnes d'exploration dans la mer de Weddell et n'est rentré dans la Clyde que le 21 juillet 1904.

En 1903, il partit des îles Falklands le 26 janvier, relâcha le 2 février à l'île Saddle, l'une des Orcades, puis pendant cinquante et un jours, parcourut dans la mer de Weddell une étendue de 4000 milles, opérant des sondages entre 60° et 70° lat. S., et entre 45° et 17° long. O. Il atteignit le 70ᵉ parallèle sud par 17° long. O. le 18 février, mais ne put pas pénétrer plus loin. Il vint hiverner dans l'île Laurie. Il avait constaté des profondeurs océaniques considérables (de 4500 à 3200 mètres) ; il avait fait une collection remarquable des espèces qui composent la faune abyssale[1].

La *Scotia* demeura emprisonnée par les glaces à l'île Laurie du 26 mars 1903 au 23 novembre ; lorsqu'elle fut libre, elle alla se ravitailler à Buenos-Ayres, d'où elle partit au commencement de l'année 1904 pour recommencer l'exploration de la mer de Weddell.

L'état des glaces étant un peu plus favorable que l'année précédente, le Dʳ Bruce put atteindre le 74ᵉ parallèle sud, par 22° long. O. Mais là, il fut de nouveau bloqué par les glaces et y séjourna environ huit jours.

Lorsque le navire put librement naviguer, le Dʳ Bruce se dirigea vers le nord, opéra un débarquement dans l'île Gouph, gagna ensuite le cap de Bonne-Espérance et rentra en Écosse[2].

Toutefois, l'expédition écossaise avait effectué de nombreux sondages dans cette partie de l'Atlantique méridionale encore peu explorée, et elle avait réuni d'importants documents pour l'océanographie. Sa principale mission était donc remplie.

De plus, le Dʳ Bruce a mis à exécution un projet auquel il tenait beaucoup : la fondation d'un observatoire météorologique et astronomique dans ces parages.

Un congrès de météorologistes et de physiciens avait, en 1879, décidé qu'une série de stations[3] circumpolaires serait

---

[1] M. Charles Rabot, dans *la Géographie*, 15 mars 1904, a exposé les résultats de cette première expédition de la *Scotia*.

[2] M. Charles Rabot, dans *la Géographie*, 16 août 1904, annonce brièvement le retour de l'expédition.

[3] La première station dans la région polaire boréale a été établie par les

organisée vers le pôle Nord afin de pouvoir réunir sur le climat d'une localité des observations nombreuses et simultanées. Les premières stations fondées avaient déjà rendu des services : elles avaient, par exemple, permis d'établir un rapport entre les variations du climat en Europe et l'état des glaces dans les canaux du Groenland et dans le détroit de Smith[1]. Le Dr Bruce voulut que le pôle austral fût doté d'une semblable organisation et il en prit l'initiative pour la contrée qu'il visitait.

Le gouvernement de la République Argentine possédant à Edsland, près la Terre de Feu, un observatoire modèle, le Dr Bruce y rattacha l'observatoire qu'il fonda dans l'île Laurie.

Le choix d'une station semblable où les observateurs doivent séjourner toute l'année, dans l'isolement, sous un climat rigoureux et pénible, offre plus d'un aléa[2].

L'île Laurie, une des Orcades, où l'expédition écossaise a hiverné, avait été abordée par Weddell et par Dumont d'Urville. Elle offre, vers le cap Dundas, une étroite plage abondante en lichens, et des roches dépourvues de neige ; le reste de l'île, qui a 45 kilomètres de long sur 15 de

Américains vers le 81° lat. N. sous le nom de « fort Conger ». C'est là que Peary avait établi en 1899, la base de ses expéditions dans sa dernière croisade vers le pôle Nord. On sait que le célèbre explorateur, à son grand désespoir, atteignit seulement le 84° parallèle Nord.

[1] Quand les canaux sont impénétrables l'année est sèche et chaude en Europe. Quand les glaces passent sans obstruer les canaux et descendent vers l'Europe, l'année est froide et humide pour notre continent.

[2] Le Gouvernement Allemand a essayé d'établir un observatoire dans l'île de Kerguelen en 1901. Le professeur Drygalski, en allant avec le *Gauss* vers le pôle Sud, aida à son organisation. Il voulut le revisiter en revenant l'année suivante : il y constata un véritable désastre. Les deux savants qui s'y étaient installés étaient tombés très gravement malades et avaient dû abandonner le poste.

Au contraire, l'observatoire allemand, installé dans l'île de la Georgie, a fonctionné régulièrement. depuis sa fondation.

E. P. 7

large, est plus élevé et présente de larges nappes de névé qui se terminent vers la mer par des pentes abruptes et des murailles de glace.

Dans cette station, située par 61° lat. S. et 43° long. O., l'expédition écossaise a souffert principalement de l'abondance des nuages. Durant les six mois les moins froids (mars à octobre), elle vit le soleil pendant 213 heures seulement. Pendant les mois de juin et septembre, elle eut à subir, sous l'influence des vents de sud-ouest, jusqu'à — 37 degrés de froid.[1] Le maximum de chaleur fut + 7 degrés.

De ces observations météorologiques prises pendant une seule année, l'année 1902, on ne peut rien conclure pour le climat habituel de l'île. Toutefois, le Dr Bruce a jugé que, dans de semblables conditions climatériques, le séjour d'une année était le maximum à demander au dévouement du personnel de l'observatoire. Il a offert au Gouvernement Argentin l'établissement de l'île Laurie sous la condition que, chaque année, le personnel nécessaire au fonctionnement de l'observatoire serait renouvelé.

La proposition du docteur a été acceptée par le Gouvernement Argentin, et un décret du 2 janvier 1904 a assuré le service annuel de l'observatoire de l'île Laurie.

M. Mossmannn a bien voulu consentir à diriger pendant les deux premières années, les travaux. Il aura pour successeur, en 1905, un officier argentin.

---

[1] Voici le tableau des températures moyennes mensuelles notées par l'expédition écossaise à l'île Laurie, pendant l'année 1902.

Avril	— 6°,3
Mai	— 8°,3
Juin	— 12°,5
Juillet	— 8°,4
Août	— 7°,3
Septembre	— 10°,3
Octobre	— 2°,7

L'expédition écossaise, si elle n'a pas fait de découvertes
géographiques[1], a du moins attaché son nom à la création fort
utile d'un laboratoire de météorologie. C'est, en effet, par
l'étude et la comparaison des bulletins de météorologie
fournis par un grand nombre de laboratoires dans une localité déterminée, par exemple le cap Horn, que peut être
établie une théorie des tempêtes qui désolent cette localité,
c'est-à-dire une indication de leurs origines, de leurs directions, de leurs intensités.

*
* *

Chacune de ces expéditions, on le voit, a conservé une
physionomie particulière. Je me suis borné à chercher et à
indiquer leur caractère distinctif. Je ne veux pas, en effet,
abuser du bienveillant accueil qui m'est fait ici en repro-
duisant les incidents de leurs voyages.

Grâce à leurs efforts, l'existence d'une terre qui termine-
rait notre planète au pôle Sud n'est plus mise en doute. Les
brouillards, les tempêtes et les glaces, qui étaient considé-
rés, au XVIIIe siècle, comme des barrières infranchissables,
n'arrêtent plus les navires voguant vers les hautes latitudes
australes. Les dangers d'un hiver, passé dans les déserts
glacés qui demeurent pendant plusieurs mois enveloppés des
ténèbres de la nuit, ont été bravés. La Science, émue de la
découverte de vastes contrées inconnues, a demandé d'être
renseignée ; et, afin de la satisfaire, de nombreux explorateurs se sont succédé dans les régions antarctiques.

Ces premières explorations scientifiques du XXe siècle ont
été fécondes en travaux et recherches de toute nature ;

---

[1] Le Dr Bruce, après avoir fait son traité avec le Gouvernement Argentin,
est revenu à l'île Laurie et a effectué une croisière hydrographique dans
l'océan Atlantique méridional durant l'année 1903-1904. Il n'est rentré à
Londres que le 21 juillet 1904.

c'est un devoir pour moi, malgré ma résolution d'être bref, de vous rappeler quelques-uns des résultats obtenus depuis que le Dr Neumayer a fait adopter par les Sociétés de géographie, dans le sixième Congrès international, tenu à Londres en 1895[1], un vœu en faveur de l' « exploration antarctique ». Ce sera comme un résumé des notions qui sont, en 1904, acquises sur les régions polaires australes, comme un tableau de la situation présente.

Je souhaite que bientôt les savants, seuls compétents pour examiner, classer, comparer et discuter les observations, les collections et autres documents qui ont été rapportés, disent quel profit les sciences retireront de ces expéditions. Il semble qu'un progrès scientifique général doit être la conséquence de l'exploration persévérante de la terre polaire australe. Seul il justifiera cet appel réitéré de l'éminent Dr Neumayer : « *Auf zum Südpole !* »

---

[1] Le Dr Borchgrevink apparut, inattendu, dans ce Congrès. Il arrivait de la terre Victoria ; il produisit un grand effet en racontant le voyage qu'il venait d'effectuer de Melbourne au cap Adare, sur le navire baleinier l'*Antarctic* commandé par le capitaine Kristensen.

Ce récit figure dans les comptes rendus du sixième Congrès géographique publiés en 1896.

CHAPITRE IV

PRÉSENT ET AVENIR

1904

Carte incomplète de l'Antarctide.
Phénomènes glaciaires : inlandsis pack : icebergs.
Températures et pressions barométriques dans les lieux visités. — Les vents : lutte des vents du nord et des vents du sud.
Études géologiques : découvertes de roches sédimentaires et de fossiles.
La vie dans les régions antarctiques.
L'avenir de l'Antarctide.

Si l'on réunit les côtes signalées au xıxᵉ siècle, de 1820 à 1895, et les terres récemment découvertes, on peut esquisser, avec de formidables lacunes mais avec quelque chance de vérité, le littoral de la terre polaire australe.

En partant de la terre Alexandre Iᵉʳ, la première qui ait été vue (Bellingshausen, 1820), le littoral suit sans interruption la terre de Graham (Biscoe, 1832), la terre de Danco (de Gerlache, 1899), la terre Louis-Philippe (Dumont d'Urville, 1838), et s'élève vers le nord-est, depuis 68° lat. S. par 73° long. O., jusqu'à 63° lat. S., par 57° long. O. Il contourne la pointe de la terre Louis-Philippe et descend vers le sud-ouest jusqu'à 66° lat. S., par 63° long. O., formant la côte orientale de la terre Louis-Philippe, de la terre Oscar II (Larsen, 1894) située au sud-est de la terre de Danco, enfin de la terre de Graham.

Cette partie de l'Antarctide, définie grâce aux cartes qui

ont été récemment levées par l'expédition belge de de Gerlache, et par l'expédition suédoise du Dr Nordenskiold,
forme une presqu'île baignée à l'ouest par l'océan Pacifique
et à l'est par l'océan Atlantique.

Aucune côte n'a été signalée entre la terre Louis-Philippe
et la terre Enderby, découverte par Biscoe en 1830, située au
67° lat. S. par 50° long. E. De sorte que le littoral présente
une grande lacune dans la partie méridionale de l'océan
Atlantique. Il a été, jusqu'à présent, impossible de pénétrer
dans ce golfe, qui est plus profond vers l'ouest que vers l'est[1].

Au delà de la terre d'Enderby, le littoral suit à peu près
le 67° parallèle S. jusqu'au 155° long. E. environ. C'est la
côte de l'Antarctide qui est baignée par l'océan Indien et qui
a été jalonnée par Biscoe, Kemp, Knox, Balleny, Wilkes et
Dumont d'Urville.

Après une brusque interruption, correspondant à une
baie inexplorée, le littoral reparaît au cap North, qui est la
pointe nord-ouest de la terre Victoria, par 71° lat. S. environ, et 165° long. E. La côte de la terre Victoria atteint le
cap Adare, puis descend par une double inflexion de 71°
lat. S. à 78° lat. S., entre 171° long. E. et 163° long. E., en
suivant la sinuosité occidentale de la mer de Ross.

Le littoral est au 78° parallèle masqué par la grande barrière de glace[2], et ne reparaît que vers 155° long. O., par
77° lat. S., à la terre Edouard VII, découverte en 1902 par
le commandant Scott.

---

[1] Le Pr Drygalski croit que vers l'ouest la côte, entre la terre Enderby
et le méridien, se trouve au 71° parallèle. Weddell est parvenu à 74° lat. S.
par 34° long. O., sans voir la terre. Plus récemment, le Dr Bruce a atteint
le même parallèle par 19° long. O., mais a été arrêté par le pack, tandis
que le capitaine Weddell avait encore devant lui la mer libre vers le sud.

[2] D'après un renseignement récent (expédition Scott, 1903), l'énorme
barrière de glace couvrirait la mer de Ross jusqu'au delà du 80° parallèle Sud et aurait un mouvement vers le nord et vers l'est.

L'Antarctide en 1904.

Une nouvelle lacune se présente. Aucune côte n'a encore été aperçue entre la terre Edouard VII et la terre Alexandre Iᵉʳ c'est-à-dire de 77° lat. S., à 68° lat. S., entre 152° long. O. et 73° long. O. Le capitaine Cook a cependant cru voir une terre au 71ᵉ parallèle, et l'expédition de de Gerlache a rapporté l'impression[1] d'une côte existant vers le 73ᵉ parallèle, non loin de la terre Alexandre Iᵉʳ.

Le Dʳ Fricker, dans la carte qu'il a dressée de la terre polaire australe, a essayé de combler les lacunes. Il a proposé un littoral complet[2]. L'avenir lui donnera peut-être raison. Déjà un des points du littoral dont il a supposé le tracé vers l'océan Atlantique serait trouvé si la longue muraille de glace que le Dʳ Bruce a vue par 72° lat. S. et 88° long. O. pendant la seconde croisière de la *Scotia* en 1903 pouvait être avec certitude placée sur la côte septentrionale de l'Antarctide.

Ainsi l'Antarctide est divisée par le méridien de Greenwich en deux parties inégales : la partie orientale a une large superficie terminée en forme de demi-cercle au 67° lat. S. et échancrée de baies peu profondes. La partie occidentale, dont le littoral presque tout entier est à découvrir, est restreinte à des proportions moindres par deux larges et profondes échancrures encore inexplorées où l'océan Atlantique pénètre au nord et l'océan Pacifique à l'ouest. Entre les deux échancrures l'Antarctide projette un

[1] Cette impression résulte de la découverte du large plateau continental compris entre 75° et 103° long. O. par 71° lat. S.

[2] Cette carte *Süd-polar-Karte*, jointe par le Dʳ K. Fricker à l'étude sur l'Antarctide, *Antarktis*, indique la limite d'extension des icebergs, la limite extérieure et la ligne médiane du pack, la position des bancs de glace les plus épais, *packeis*, qui aient été rencontrés et signalés, enfin les profondeurs constatées par les sondages dans les océans circumpolaires.

La figure de l'Antarctide, telle que le Dʳ Fricker la représente, diffère notablement de celle qui est donnée dans la carte, dessinée antérieurement pour l'atlas « Vivien de Saint-Martin ».

promontoire dont l'extrémité, forme une péninsule aujour-
d'hui bien définie.

* *

Sur tout ce littoral, de même que dans les îles qui l'avoisinent, l'aspect des régions antarctiques revêt une âpre
tristesse. Si çà et là le roc apparaît sur la paroi d'une montagne ou sur la cime d'un îlot, c'est que le vent peut, à cause
de l'orientation, en balayer la neige. Si la verdure de
quelques mousses et lichens rompt la blanche monotonie
du paysage, c'est qu'il y a dans les baies un coin du sol
élevé au-dessus du niveau de la mer et bien abrité, composé généralement de débris de roches volcaniques.

La caractéristique, c'est la neige ou la glace partout et
pendant toute l'année ; c'est une gloriation à outrance qui se
manifeste avec une intensité inconnue ailleurs et dont les
produits, à proportions formidables, peuvent donner une
idée des époques glaciaires.

La terre polaire australe est couverte d'une épaisse couche
de névé qui fait donner à son sol le nom d' « inlandsis[1] ». Les
océans qui l'environnent présentent une surface glacée sur
une grande étendue. Les glaces continentales et les glaces
océaniennes se réunissent pour former des banquises
tantôt demeurant fortement soudées au littoral, tantôt
flottant autour de lui. Ce sont elles qui constituent aussi
le « pack », cet amas de glaçons irrégulier de forme et d'é-
paisseur qui se présente entre les 55e et 70e parallèles comme
un rempart protecteur du pôle Sud. On retrouve enfin les
deux espèces de glace dans les icebergs qui, parfois, vont

---

[1] *Inlandsis* est un mot scandinave qui veut dire « glaces continentales ». C'est le nom donné à la partie du Groënland qui, comme l'Antarctide, rappelle l'époque glaciaire.

isolés, jusqu'au 40° parallèle, au sud de l'Australie, et jusqu'au nord des îles Falklands[1].

L'extension considérable des glaces sur la surface des
océans avoisinant la terre polaire australe s'explique, ce me
semble, par la théorie[2] qui a été formulée à propos des
glaciers du mont Blanc. Elle a pour cause la fusion nécessaire
de ces glaçons.

Sur notre continent, les glaces qui descendent des montagnes où leurs réservoirs sont placés se transforment dès
qu'elles ont dépassé la limite des neiges éternelles[3], et fon-
dent sous la double influence de la chaleur solaire et de la
chaleur de la terre.

Dans la région antarctique, la limite des neiges éternelles
est établie au 63e parallèle environ. La terre australe présente constamment une température inférieure à 0°, et elle
est entourée d'une masse liquide, conservant jusqu'au 60°
parallèle une température inférieure également à 0°.
Les glaces, condamnées à se dissoudre pour reformer la pluie
et la neige, n'y rencontrent ni gulf-stream ni courants équa-
toriaux, et sont obligées d'aller, pour avoir une fusion complète, chercher des eaux plus chaudes. Même au 54° parallèle, la température de l'eau atteint à peine + 6°. On sait
qu'il en est autrement dans les régions arctiques : ainsi la
côte occidentale du Groënland est redevable d'un climat

[1] Voir la Géographie, année 1902, p. 302. Les limites atteintes par les
glaces dans les mers antarctiques sont données d'après les recherches
faites par le Dr Dinklage. Ce savant allemand a eu la patience de dépouiller
les livres du bord des capitaines baleiniers ayant voyagé depuis 1881 vers
le cap Horn, le cap de Bonne-Espérance, l'Australie et la Nouvelle-
Zélande.

[2] Théorie des glaciers de la Savoie, par Mgr Rendu, évêque d'Annecy,
Chambéry, 1874.

[3] La limite des neiges éternelles est, dans les Alpes, placée à 2.700 mètres.
Elle varie pour les hautes montagnes suivant l'orientation et les latitudes :
ainsi vers l'équateur, elle est mise à 5.000 mètres.

relativement doux aux courants chauds qui s'élèvent vers
les mers boréales et y pénètrent.

L'écoulement des glaces est lent et souvent interrompu ;
les chutes de neige augmentent momentanément la glace sur
le pack, sur les banquises et les icebergs ; d'autre part, lorsque
les canaux s'ouvrent dans la banquise et que la température
est très froide, il se produit une évaporation qui aide à la
reconstitution immédiate d'une jeune glace. Toutefois, les
causes de destruction doivent l'emporter finalement. La pression des vents, la poussée des vagues qui s'agitent sous la
banquise, la radiation solaire et la pénétration de la pluie ou
de l'eau qui est produite par la fusion de la surface des
glaces[1], le bris des banquises et des icebergs qui s'entre-
choquent, tels sont les agents de la destruction[2]. Puis, à mesure que les glaçons diminuent de grosseur, le frottement
incessant des uns contre les autres agit ; en sorte qu'à la
limite du pack vers la mer libre, la glace est réduite en
très petits fragments.

De même que sur l'Océan glacial, l'écoulement des
glaces sur la terre polaire se produit lentement. L'épaisse
couche de névé, que les chutes de neige, en se superposant,
forment et alimentent, subit des transformations et un mou-

[1] Il me semble qu'on peut placer les diatomées parmi les causes de fusion
de la surface des glaces. Ces petites herbes de couleur sombre, qui cou-
vrent en si grande quantité les glaces pendant l'été, absorbent de la chaleur et doivent la rayonner.

[2] Les icebergs, à raison de leur masse, offrent une plus longue résistance ; mais les vagues creusent leurs flancs, l'eau de fusion détermine
des fissures qui les pénètrent ; l'équilibre entre la partie qui émerge et
celle qui est plongée dans la mer est à chaque instant modifié par la perte
du poids que subit l'une ou l'autre partie. Ceux qui ballottés par les vents
et les courants sont vus entre les 50° et 40° parallèles ont l'aspect de
ruines.

Le Dr Fricker a étudié les phénomènes glaciaires et les icebergs dans le
cinquième chapitre de son étude savante, *Antarktis.*

vement dont la loi est encore inconnue. La neige ne fond
pas et gèle partiellement. Ses molécules, douées d'une grande
affinité composent une glace visqueuse et plastique, semblable à la glace de mer, naissante [1]. Les plateaux, grands lacs
encaissés au milieu des pitons des hautes montagnes, envoient leur trop plein par les glaciers qui descendent le long
des montagnes jusqu'à la mer ; les glaces, accumulées dans
les vallées, s'avancent plus lentement vers les baies et les
falaises du littoral et sont précipitées en larges fragments ;
ou elles se réunissent, s'il y a des plaines intermédiaires,
pour former de larges nappes qui donnent naissance aux
murailles de glace du littoral [2]. L'extrémité du glacier, plongée dans l'eau est soulevée, coupée par les vagues et devient
un iceberg ; ailleurs, une tranche de la muraille de glace
est détachée verticalement et devient la masse tabulaire
qui flotte avec les banquises.

Quant aux agents de ces mouvements et de cette dislocation dans les glaces continentales, ce sont : la pression intérieure des molécules les unes sur les autres, la pesanteur, la
différence de densité et de température dans les couches de la
masse glacée, la déclivité du sol, la vitesse de rotation de la

---

[1] La glace de mer conserve assez longtemps la viscosité et la plastictié.
Elle demeure plus friable que la glace continentale. Elle devient résis-
tante lorsque le froid atteint — 15 degrés. L'eau de mer gèle à — 2°. Mais
la glaciation atteint au plus 3 mètres de profondeur. Dans le bloc de glace
de mer qui a plus de 3 mètres d'épaisseur l'augmentation provient des
neiges qui se sont accumulées sur lui, ou des fragments de banquises qui
se superposent en s'entrechoquant.

[2] Le Dr Bernucchi (expédition Borchgrevink), dans la communication
qu'il a faite le 18 mars 1901 à la Société royale de géographie de Londres,
décrit le littoral de la terre Victoria. Il avait sous les yeux dans la baie
Robertson des « langues » de glace qui s'avançaient vers l'océan, longues
de plus de 4 kilomètres, larges de 800 mètres, hautes de plus de 30 mètres.
Topography of South Victoria land. Cette conférence est reproduite dans
the Antarctic Manual.

terre, la force dissolvante de l'eau (pluie ou fusion), qui arrive en contact avec la glace [1].

En résumé, les phénomènes glaciaires se reproduisent constamment et uniformément, sur toute la surface de la calotte polaire qui comprend l'Antarctide et la masse liquide l'environnant. Le pack, flottant à la limite de cette masse liquide, a pour mission de la maintenir à une basse température, et de la préserver de tout échange avec les eaux chaudes apportées par les trois grands océans qui s'étendent au sud de l'équateur.

* *

Malgré l'ampleur des phénomènes glaciaires, la prévision de températures exceptionnellement basses et inconnues vers le pôle Nord n'est pas réalisée. Elle était basée sur la situation des régions antarctiques par rapport au soleil (rares apparitions de cet astre et obliquité de ses rayons) ; sur l'absence de terres [2] qui puissent absorber et rayonner de la chaleur, sur l'étendue considérable de la mer glacée qui environne le pôle, sur les renseignements des explorateurs

---

[1] J'aurais mauvaise grâce de formuler une appréciation des travaux des savants qui se sont occupés de la glaciation de l'eau salée et de la neige. D'autre part, il serait déplacé de mentionner dans cette petite notice, purement littéraire, les observations scientifiques faites sur l'origine, la composition et les transformations de la glace, sur sa température intérieure, sur les variations de la coloration, sur son mouvement, sur les crevasses, sur la salinité de l'eau de mer et sur le degré de congélation variant avec le degré de salinité, etc., etc.

Les études publiées avant 1901, par le Dr Weyprecht en 1879, par le Dr Buchanan en 1887 et en 1899, par le professeur Drygalski en 1897, ont été analysées dans l'*Antarctic Manual*. A la suite des récentes expéditions vers les régions antarctiques, les problèmes de glaciation ont été de nouveau examinés et discutés dans de nombreuses publications.

[2] L'Amérique méridionale et l'Afrique méridionale sont très éloignées et ne présentent qu'une faible étendue de terres.

qui ont tous constaté la température remarquablement froide de l'été antarctique.

Or, la caractéristique du climat vers le pôle austral ce n'est pas un grand froid, mais c'est l'absence d'été et la persistance du froid pendant toute l'année.

D'après les observations météorologiques récentes, on peut dire que la moyenne de la température, pendant les mois les plus chauds de l'année, décembre, janvier et février, est — 0° au 63e parallèle S., + 5 au 53e parallèle S., + 10 au 47e parallèle S.[1]. Les mers ouvertes qui forment une épaisse ceinture autour de la terre polaire ne lui envoient aucune chaleur[2].

Les expéditions belge, allemande, suédoise, anglaise, qui ont stationné entre le 64e et le 71e parallèle S., ont eu, pendant l'été, une température moyenne inférieure à — 1°5, et l'expédition Scott, a indiqué près de — 6° comme la moyenne de la température du premier été qu'elle a passé au 77e parallèle S.[3].

[1] Les courbes de température ne suivent pas rigoureusement les parallèles indiqués. Elles se rapprocheraient du pôle vers l'océan Pacifique et l'océan Indien ; elles s'en éloigneraient au contraire dans la région comprise entre la côte orientale de l'Amérique et l'Australie vers l'océan Atlantique. Ce fait n'a pas été expliqué. Voir M. C. Passerat, Etude sur la température des pôles (Annal. de Géogr., juillet 1904), et les tableaux qui y sont joints.

[2] Dans le nord, le bassin polaire est entouré d'une masse continentale. Ces terres subissent en hiver un refroidissement extrême qui les rend plus froides que la mer polaire ; mais elles s'échauffent en été et envoient de la chaleur. De là, des hivers rigoureux au pôle nord, mais aussi de véritables étés. On peut placer l'isotherme + 10 au 60e parallèle nord.

[3] Voici le tableau résumant les moyennes de température pour les trois mois d'hiver, juin, juillet, août et les trois mois d'été, décembre, janvier, février, indiquées par les expéditions qui ont séjourné une année entière dans les régions antarctiques.

	Années	Latitude	Longitude	Hiver	Eté
Antarctic (Nordenskiold). .	1902-1903	64°	58°W.	— 20°	— 2°2
Gauss (V. Drygalski) . . .	1902-1903	66°	87°E.	— 19°1	— 1°8
Belgica (de Gerlache) . . .	1898-1899	70°30	90°W.	— 16°8	— 1°5
South. Cross (Borchgrevink)	1899-1900	71°18	167°E.	— 24°3	— 1°6
Discovery (Scott).	1902-1903	77°49	163°E.	— 25°6	— 5°9

En hiver, l'isotherme — 20° suit le cercle polaire, 67°
lat. S., mais s'élève à 73° lat. S., se rapprochant du pôle vers
l'océan Pacifique et l'océan Indien ; l'isotherme 0° suit le 55ᵉ
parallèle, pour s'élever au 66ᵉ S. vers l'océan Pacifique.

Des minima — 9° à — 2° paraissent dans les observations
météorologiques faites durant l'été entre les 61ᵉ et 71ᵉ parallèles ; des minima de — 35° à — 43° durant l'hiver.

Au 77ᵉ parallèle, la température est naturellement plus
froide, et le commandant Scott a annoncé qu'il avait eu en
1902, dans la terre Victoria, jusqu'à — 56° de froid.

Rappelons le fait fréquemment cité, qui modifie dans une
certaine mesure les chiffres notés pour la température quoti-
dienne : à savoir la hausse subite de 5 à 6 degrés déterminée dans le thermomètre, par l'approche d'une tempête.
Cette hausse momentanée du thermomètre précédant la
baisse barométrique est attribuée à la brusque condensation
de l'air atmosphérique qui détermine un courant chaud
nommé, dans les pays de glaciers, le *fœhn*[1].

Toutes les expéditions[2] ont constaté que la température
est excessivement variable dans les régions antarctiques.
Elle subit de rapides et grands changements dans une même
journée ou d'un jour à l'autre[3]. Il y a de grandes différences

[1] Voir dans *the Antarctic Manual*, p. 161 et suiv., les observations
sur le *fœhn* alpin. Le fait est souvent cité également par les explorateurs
des régions arctiques.

[2] *The Antarctic Manual* a reproduit, p. 31 et suiv., les études faites anté-
rieurement à l'année 1901 sur le climat des régions antarctiques par le
Dᵣ Hann, le Dᵣ Supan, M. Arctowski, membre de l'expédition belge, et le
Dᵣ Bernacchi, membre de l'expédition de la *Southern-Cross*.

M. Zimmermann a publié, après le retour du Dᵣ Borchgrevink, un article
« Terres, climats et glaciers » *(Annales de Géographie*, 1902, p. 385), dans
lequel l'érudit professeur résume avec une grande clarté les connais-
sances acquises.

[3] Voici deux exemples pris dans les observations de l'expédition belge :
le 26 avril à 8 heures du matin — 21°, à 2 heures — 2° ; le 20 juillet la
moyenne du jour est : — 1°, le 21 — 24.

entre deux mois de la même saison, entre un mois d'une
année et le même mois d'une autre année, entre les moyennes de deux années qui se suivent.

Les rayons solaires paraissent trop peu de temps pour
échauffer l'air, et il y a souvent des différences de 30 et
40 degrés entre la température de l'air marquée par un
thermomètre qui demeure placé à l'ombre et la chaleur de
la radiation solaire lue sur un thermomètre à boule noircie.
La haute température des rayons solaires, si bienfaisante
pour la santé de l'explorateur cruellement éprouvé par la
nuit polaire, réussit à peine à déterminer la fusion de la
surface de la glace jusqu'à 4 ou 5 centimètres.

Si l'on compare la région antarctique avec la région arctique, on peut dire, d'une manière générale, qu'il faut remon-
ter à 10 degrés plus haut dans le Nord que dans le Sud,
pour trouver la situation similaire ; ainsi la température
moyenne au 70e parallèle S. se retrouve au 80e parallèle N.
L'hiver est très froid dans les régions polaires boréales,
mais l'été est très chaud.

Les observations météorologiques[1] ont démontré que la
pression barométrique ne décroît pas par une progression
constante comme on le supposait jusqu'au pôle. La dépres-
sion qui, à dater du 35e parallèle, où la moyenne des
hauteurs barométriques est 750mm, augmente régulièrement
et progressivement à mesure qu'on s'élève[2], est moins forte
dès le 60e parallèle qu'elle ne devrait l'être. Mais la loi qui

---

[1] Le Dr Arctowski (expédition de de Gerlache) et le Dr Bernucchi
(expédition de Borchgrevink) ont publié les observations qu'ils ont
recueillies sur les températures et sur les pressions barométriques : les
tableaux météorologiques qu'ils ont dressés sont excessivement intéressants et instructifs.

[2] La moyenne au cap Horn est 750 millimètres, à l'île de la Georgie,
747 millimètres, à Snow-Hill 744 millimètres, à la station qu'occupait la
Belgica vers le 71e parallèle 744 millimètres, au cap Adare 740 millimètres.

régit les pressions barométriques dans la région antarctique n'a pas été encore trouvée.

L'amplitude des oscillations dans le même mois est très grande [1]; d'autre part, des pressions exceptionnellement basses ont été notées.

Les grandes et fréquentes variations soit des baromètres, soit des thermomètres, variations beaucoup moindres durant la longue nuit polaire [2], ont une étroite relation avec les vents dont la violence a été signalée dans toute la région antarctique.

*
* *

Le rôle des vents est, en effet, important. Ils sont les ennemis les plus redoutés par les explorateurs parce qu'ils rendent cruelle et insupportable l'impression d'un froid, qui, par un temps calme, serait facilement supporté.

Il y a dans les régions antarctiques très rarement des jours calmes, et les vents s'y développent rapidement parce qu'ils ne rencontrent aucun obstacle sur la vaste surface des mers circumpolaires. Leur vitesse est en moyenne de 5o à 6o kilomètres à l'heure, et elle atteint 14o kilomètres

Le problème de leur origine, de leur direction, de l'influence qu'exercent sur eux la rotation de la terre et la température si froide des couches inférieures de l'atmosphère, n'aura pas, de longtemps [2], une solution. Mais chaque expédition scientifique apporte des documents.

---

[1] De 3o à 4o millimètres. Vers le 71e parallèle sud, l'Expédition belge notait pour les hauteurs barométriques au 11 juin le maximum 772 millimètres et au 2 mars le minimum 711 millimètres ; et, de son côté, au cap Adare, l'expédition anglaise de Borchgrevink, notait au 22 juillet le maximum 767 millimètres et au 9 septembre le minimum 707 millimètres.

[2] Les savants disent que, pour définir un climat, une série ininterrompue d'observations météorologiques recueillies pendant cinquante-deux années, est nécessaire.

Deux faits, depuis longtemps signalés par les navigateurs dans l'océan Atlantique, ont été confirmés ; l'existence de vents d'ouest violents, soufflant régulièrement[1], entre le 40e et le 60e parallèles sud, et l'existence entre le 55e et le 60e parallèle d'une zone calme où s'établit une sorte d'équilibre[2], entre les vents d'ouest d'origine équatoriale et les vents d'est d'origine polaire qui règnent au-dessus du 60e parallèle.[3]

D'autres courants aériens, dont la régularité devra être confirmée, ont été observés. Quelques-uns doivent être cités.

Vers l'océan Pacifique[4], les vents de nord-est et de sud-est prédomineraient pendant l'été, de novembre à février ; et les vents d'ouest pendant l'hiver, en juin, juillet, août.

Vers l'océan Indien, au cap Adare[5], les vents de sud-est et d'est-sud-est, régneraient pendant toute l'année. On aurait pendant l'été des vents d'ouest. En outre dans ce même océan, où la navigation a été plus active et où la plus grande partie du littoral de l'Antarctide a été découverte, on a signalé, entre 60° lat. S. et 70° lat. S., pendant l'été, des conditions atmosphériques très instables ; succession de brumes, de frimas, de calmes, de tempêtes.

Ces changements de temps, proviendraient, suivant un explorateur[6], de ce que les vents d'ouest, de sud-ouest et

---

[1] Le Dr Fricker croit que ces vents sont des vents qui viennent du nord et qui sont déviés vers l'ouest par l'effet de la rotation de la terre.

[2] Zimmermann, *Annales de Géographie*, 1902, p. 401.

[3] Voir les observations faites pendant l'expédition de la *Valdivia*, et reproduites dans *the Antarctic Manual*, p. 41. Dans ces observations on rencontre ce fait inattendu que le baromètre baisse avec le vent de l'est.

[4] Observation de l'expédition belge.

[5] Expédition du Dr Borchgrevink au cap Adare.

[6] Expédition de la baleinière *Antarctic*, qui était commandée par le capitaine Kristensen, et sur laquelle le Dr Borchgrevink a fait son premier voyage à la terre Victoria.

nord-ouest, qui règnent dans ces parages en décembre, font place, en janvier, à des vents d'est et de sud-est.

Ne faut-il pas attribuer aussi une influence à l'étendue assez considérable de terres qui se trouvent dans cette région : la partie orientale semi-circulaire de l'Antarctide, la Nouvelle-Zélande et la partie méridionale de l'Australie ?

En fait, dans la région antarctique, la situation est déterminée par la lutte entre deux groupes de vents ; les vents du nord et de l'ouest qui viennent des régions équatoriales, et les vents du sud et de l'est, qui viennent de la terre polaire australe.

Les vents du premier groupe apportent la chaleur qui adoucit parfois la température et viennent, en été, concourir avec les rayons solaires à la dislocation des banquises[1] et à l'ouverture des canaux de mer libre, véritables crevasses.

Les vents du second groupe déterminent les précipitations de neiges[2] nécessaires pour alimenter les glaces dans la terre polaire et dans la mer qui l'environne.

Quant à l'étude de la corrélation des vents et des courants sous-marins, elle est à peine commencée. Il est d'une grande importance pour le navigateur de connaître dans quelles conditions, quels lieux et quels moments les vents et les courants marins peuvent combiner leurs forces pour accumuler les icebergs et les glaces, ou pour faciliter la traver-

---

[1] C'est en novembre que la rupture des glaces commence ordinairement dans le littoral. Les banquises et les icebergs, blocs aux dimensions colossales et dont on ne connaît pas l'âge, se mettent alors en route dans toutes les directions.

[2] La neige, à cause du froid intense, tombe sous forme de poussière glacée ou de petits cristaux qui « coupent » la figure. C'est à cause de cela que les couches de neige se superposent, se tassent, prennent un aspect cristallin et gèlent lentement en commençant par la partie inférieure. La couleur indique le degré de congélation.

sée du pack, ou encore pour ouvrir à la navigation de vastes espaces entre le pack et le littoral[1].

*
* *

De même que la question du climat, les questions géologiques demeureront probablement longtemps insolubles. Il faut pénétrer dans l'intérieur de l'Antarctide jusqu'au pôle ; il faut sous le manteau épais de névé qui l'enveloppe scruter son sol.

Il serait cependant d'un grand intérêt scientifique d'éclairer et son passé et son présent ; de savoir quel est l'âge des différentes parties qui la composent, si elle a eu une plus grande étendue et à quelle époque les îles avoisinantes[2] en ont été détachées ; si elle n'a pas joui autrefois d'un climat plus chaud ; si elle n'a pas été liée aux grandes terres voisines[3] (Amérique à l'ouest et Australie à l'est).

Jusqu'à présent, les géologues ont eu, pour appuyer leurs hypothèses, l'aspect des contrées découvertes, les roches collectionnées et les documents fournis par les sondages sur la configuration du fond de la mer.

Les deux contrées montagneuses paraissent appartenir à

[1] Balleny a signalé la mer libre à laquelle on parvient assez facilement vers le 170° long. E. Le commandant James Ross est allé, sur cette indication, la chercher, et a pu, grâce à elle arriver plus rapidement à la terre Victoria. Le Dr Borchgrevink, en voulant aborder le pack vers le 150° long. E. eut à lutter longtemps et péniblement contre des glaces épaisses. Weddell a navigué en 1823 dans une mer libre vers 19° long. O., et personne, depuis lors, n'a pu y pénétrer.

[2] Ainsi l'inclinaison curviligne de la péninsule du nord-ouest de l'Antarctide, vers les îles Shetland et les Orkneys, est à remarquer. De même, la constitution volcanique des îles, depuis l'île Franklin jusqu'aux îles Balleny, rappelle celle des côtes de la terre Victoria.

[3] Parmi les faits suggestifs que pourrait fournir la botanique, le Dr W. T. Blanford, dans the Antarctic Manual, p. 177, insiste, pour établir qu'il y a eu communication entre les régions antarctiques et les

un même plissé du sol. Les montagnes de la terre Victoria sont plus élevées et forment au sud-est un massif imposant; elles se rapprochent du centre de l'Antarctide et constituent un puissant réservoir de glaces. Les montagnes de la presqu'île, au nord-ouest, sont moins élevées, ont des sommets plus dentelés et forment une chaîne comparativement étroite, entre-coupée de profondes vallées; elles s'éloignent du pôle, et néanmoins, de même que les montagnes de la terre Victoria elles portent à leurs sommets de larges plateaux de neige et sur leurs flancs de nombreux et énormes glaciers.

Les unes et les autres se développent parallèlement aux côtes (détail important et caractéristique).

Elles ont également, les unes et les autres, un caractère volcanique très accusé; mais les volcans sont moins élevés et moins nombreux dans la région septentrionale, vers l'océan Atlantique, que dans la région de la terre Victoria[1].

Ce volcanisme a probablement des ramifications dans toute l'Antarctide. On a découvert, en effet, un volcan éteint, le Gaussberg, sur le seul point de la côte orientale[2], baignée par l'océan Indien, où l'on a pu jusqu'à présent stationner, la terre Guillaume II : or c'est la partie de l'Antarctide à terres peu élevées, mamelonnées, légèrement ravinées, qui contraste avec la partie montagneuse.

autres parties du globe, sur la présence d'une plante, *glossophtéris*, qui, suivant lui, est d'origine antarctique et qu'on a trouvée dans l'Australie, l'Inde et jusque dans la Russie. L'auteur de l'article sur la géologie a été appelé à formuler principalement des conseils pour les géologues qui vont étudier les contrées polaires et doivent y collectionner les roches indicatives des terrains.

[1] M. Bernacchi, dans la description de la terre Victoria insiste sur l'aspect volcanique du littoral et sur les nombreux volcans en activité qui sont dans les îles de la mer de Ross. *Topography of South Victoria land*.

[2] Dumont d'Urville avait recueilli sur cette côte, parmi les récifs qui bordent la terre Adélie, des échantillons de roches volcaniques.

L'étude des volcans et de leur disposition par rapport aux côtes a permis de tirer des conclusions sur la structure géologique des terres antarctiques[1]. Toutefois, les géologues ne tirent ces conclusions que par la comparaison des faits constatés dans l'Antarctide avec les faits semblables constatés dans d'autres parties du monde. Ils auront plus de force et de sécurité en prenant pour base les observations faites sur le terrain lui-même.

Les collections, jusqu'à la fin du xixe siècle, ne leur ont présenté que des roches cristallines : quelques échantillons, de granite, de grès, et de gneiss avaient été fournis, en grande partie, par les dragages, mais on ne savait où placer leur origine. Aujourd'hui des masses granitiques ont été trouvées en place ; des bancs de roches sédimentaires[2] peuvent être étudiés à loisir ; des gisements de fossiles témoignent d'une époque antérieure à la période glaciaire actuelle. De nouveaux documents beaucoup plus instructifs pour l'histoire du passé sont donc acquis.

Enfin les géologues trouveront, dans le tableau de la surface du globe qui est recouverte par la mer, des renseignements sur les relations sous-marines qui existent entre l'Antarctide et les terres voisines[3]. Plusieurs parties des océans circumpolaires ont déjà été sondées, et les améliorations apportées aux instruments donnent pleine confiance dans l'exactitude des opérations. Des vallées, des précipices, ayant 5000 mètres de profondeur ont aujourd'hui leur

[1] E. von Drygalski, *Vortrag über die..... Bedeutung der deutschen Süd-Polar-Expedition*, Berlin, 1899.

[2] M. Bernacchi fait ressortir l'importance de la découverte des roches variées qui sont dans le voisinage de l'île d'York au fond de la baie Robertson. *Topography of South Victoria land*.

[3] Les géologues sont convaincus que la terre polaire australe s'étendait autrefois au-delà des limites actuelles et était liée à l'Amérique du Sud et à l'Australie.

position sur la carte en voie de préparation qui présentera les reliefs et les dépressions du sol au fond de la mer[1].

L'océanographie viendra donc concourir aux progrès de la géologie de l'Antarctide.

* *
*

Les recherches océanographiques ont aussi révélé la faune marine des régions antarctiques. C'est avec une grande surprise qu'on a assisté à la manifestation de la vie sur les banquises et dans les profondeurs[2] de l'océan Glacial. Ici, dans le calme et l'obscurité, se tiennent peu mouvementés les mollusques, les échinodermes, les crustacés, etc., hôtes également des océans tropicaux mais modifiés en raison du changement de température du milieu où ils habitent. Là se développe, au-dessus et au-dessous des glaces, le plankton[3] avec les algues microscopiques, « diatomées » aux couleurs variées et les crevettes, *Euphausia*.

---

[1] Toutes les expéditions scientifiques ont fait des opérations hydrographiques. Il faut mentionner plus particulièrement les expéditions du *Challenger*, de la *Belgica* et de la *Scotia* parce qu'elles ont concentré leurs recherches dans une aire plus limitée.

Le *Challenger*, sous le commandement du capitaine Nares, a exploré l'océan Indien, au sud de l'île de Kerguelen, vers les terres d'Enderby, de Kemp et de Knox. La *Belgica*, sous le commandement de de Gerlache, a, pendant sa longue dérive exploré l'océan Pacifique, près la terre de Graham. La *Scotia*, sous le commandement du Dr Bruce, a fait sa première croisière dans la mer de Weddell, et sa seconde croisière dans l'océan Atlantique méridional.

[2] Les détails sur la faune abyssale (on la nomme *benthos*), soit des océans tropicaux, soit des mers antarctiques, sont réunis dans un article du professeur Arthur Shipley, écrit pour *the Antarctic Manual*, chap. xviii. Dans ce tableau très suggestif des abîmes des océans les différences entre les êtres qui habitent les eaux chaudes et ceux qui habitent les eaux glacées, sont soigneusement décrites. L'auteur indique aussi les nouveaux problèmes que l'étude de la faune marine antarctique suscite.

[3] On sait qu'on nomme « plankton » l'ensemble des organismes, bêtes et plantes, qui s'accumulent sur la surface de la mer et des glaces.

Les premières observations biologiques ont prouvé que les euphausia sont la principale alimentation des phoques et des manchots, et que le plus grand nombre des petits êtres qui animent la surface de la mer et des glaces est herbivore se nourrissant de diatomées.

La faune marine, très riche sur tout le littoral de la terre polaire australe, promet une abondante moisson. Elle donnera lieu à d'intéressantes études comparatives.

La faune terrestre, au contraire, en l'absence de toute végétation [1] paraît nulle. Les seuls êtres vivants jusqu'à présent découverts sont quelques diptères et quelques acridiens vivant au milieu des mousses et des lichens sur le littoral de la terre polaire australe et des îles voisines.

Aussi les animaux aquatiques, cétacés et oiseaux, sont-ils la seule ressource des explorateurs pour avoir de la viande fraîche. Ils sont très nombreux pendant l'été, et on en a rencontré pendant l'hiver jusqu'au 77° lat. S. sur les banquises et sur les côtes de la terre Victoria.

Les phoques, depuis longtemps connus [2], ont été observés de plus près, et les caractères distinctifs des espèces (formes du corps, couleur et taches de la peau, disposition et force

---

[1] Au point de vue de la végétation, le pôle Sud, sauf une surprise bien improbable que les contrées intérieures de l'Antarctide réserveraient, diffère considérablement du pôle Nord. On rencontre, en effet, dans la terre de Grinnell, au 82° lat. N., des plantes qui fleurissent et des prairies où des bœufs musqués pâturent.

[2] Aucune espèce nouvelle n'a été signalée au xxᵉ siècle. On compte, comme dans le siècle précédent, quatre espèces, on pourrait dire quatre genres, si grandes sont les différences entre le phoque crabier, le phoque de Ross, le faux léopard ou phoque de Weddell et le vrai léopard qui est seul carnivore. Le phoque de Ross semble appartenir à la région. L'abondante nourriture que les phoques trouvent en été les attire dans les mers antarctiques en quantité considérable.

Les différents phoques qui fréquentent les régions australes sont minutieusement décrits par le Dᵣ Barrett-Hamilton, dans *the Antarctic Manual*, ch. xv.

des dents, dimension de la tête) sont maintenant définis.
Quelques-unes de leurs habitudes sont indiquées, mais on
ignore encore les lieux où ils émigrent.

Les oiseaux offrent une plus grande variété [1]. On les rencontre comme les phoques sur tout le littoral jusqu'aux plus
hautes latitudes. Il y en a qui ne quittent pas la région. Leurs
mœurs ont été facilement étudiées, parce qu'ils font leurs
nids et viennent couver dans les montagnes dépourvues de
neige qui bordent le littoral.

Le manchot est le plus gros et le plus utile. Il fournit, en
effet, une chair encore appréciée, bien qu'elle soit moins fine
et moins délicate que celle du phoque, et une grande quantité de graisse [2]. Il est l'oiseau providentiel sur la banquise dont il fait son domicile habituel.

Ainsi d'une part, l'Océan qui enserre l'Antarctide et,
d'autre part, les montagnes rocheuses échelonnées sur le
littoral sont les lieux où la vie se manifeste. Elle s'y arrête
et ne remonte pas vers le pôle, puisque l'expédition Scott
a poussé, en 1903, des explorations [3] à l'est, au sud et à
l'ouest de la mer de Ross, jusqu'à plus de 250 kilomètres
dans l'intérieur de la terre polaire, sans rencontrer un être
vivant.

*
* *

Chaos de hautes montagnes abruptes, de précipices pro-
fonds à parois verticales, de canaux en granit dans lesquels

[1] Voir la notice du Dr Howard Saunders sur les manchots, pétrels,
skuas, etc., qui habitent les régions antarctiques dans *the Antarctic
Manual*, ch. XVI.

[2] M. Arctowski observe que la couche de graisse dont le phoque et le
manchot sont munis a pour but de les préserver du froid, la température
intérieure de leurs corps étant seulement de 37 degrés.

[3] Une carte des itinéraires des différentes explorations tentées par l'expédition Scott durant la seconde année de son séjour dans la terre Victoria,
vient d'être publiée par *the Geographical Journal*, August 1904.

glissent des fleuves glacés, de vallées remplies de neige
où d'effroyables tempêtes balayent d'énormes blocs de
glace, tel est l'aspect de la contrée aperçue par l'expédition
Scott ; contrée désolée où le Dante aurait pu mettre le
lac glacé qu'il destine au supplice des traîtres [1].

C'est une petite portion, il est vrai, de la terre polaire australe. Peut-être l'accès est-il moins sauvage du côté opposé à
la mer de Ross, vers l'extrémité inconnue de la mer de
Weddell ou du golfe situé entre la terre Edouard VII et la
terre Alexandre Ier ; mais il est évident que la terre polaire
a, pour unique fonction, de produire du froid, et, il est
probable qu'une même barrière infranchissable entoure de
tous les côtés l'immense glacière centrale.

Dans de semblables conditions, le pôle Sud ne sera jamais
atteint.

Je m'effraie des périls et des dangers qui attendent ceux
que la fièvre du pôle Sud entraînera. Je ne voudrais pas
que l'histoire des régions australes enregistrât des désastres et
des drames semblables à ceux dont le pôle Nord garde le
souvenir. Aussi suis-je tenté de répéter contre le pôle Sud
l'anathème lancé contre le pôle Nord par l'éminent professeur
de Lapparent, après la si douloureuse expédition de Peary
qui se désolait d'avoir été arrêté au 84° lat. N.[2].

Mais la Science protesterait. Elle a reconnu, par les renseignements reçus des premières expéditions, qu'elle ne
pourrait pas établir des lois générales exactes pour le par-

[1] *La Divine Comédie*. Huitième cercle infernal.
[2] M. de Lapparent, membre de l'Institut, a écrit, dans *le Correspondant*, 25 mars 1904, un émouvant récit des derniers voyages et des épouvantables souffrances du célèbre explorateur américain Peary. Il se pro-
nonce très énergiquement contre l'insistance qu'apportent certains explorateurs à trouver l'emplacement du pôle nord. Il demande qu'on se borne
à organiser les recherches qui peuvent avoir un résultat pratique, et fournir, sans que les observateurs courent aucun risque, les renseignements
demandés par la météorologie et la physique terrestre.

tage des eaux et des mers, les mouvements de l'atmosphère et des océans, l'électricité et le magnétisme terrestre, si elle ne tenait pas compte de l'action des régions antarctiques.

Elle cherche quel rôle, dans les conditions d'existence de notre planète, Dieu a assigné au pôle Sud. Elle conclura probablement des premiers résultats qui sont soumis à son examen à la nécessité de nouvelles expéditions scientifiques.

Je dois donc me contenter de souhaiter que les recherches soient poursuivies dans les mêmes limites observées jusqu'à ce jour.

Mais un autre avenir est promis à la terre polaire australe. On assure qu'elle aura la visite d'expéditions commerciales, et qu'elle verra la civilisation pénétrer dans les îles aujourd'hui désertes qui l'environnent.

Au XVIIIe siècle, le Continent Austral, pour lequel les savants et les géographes discutaient des projets de colonisation, était inconnu : il leur était loisible de lui attribuer un climat tempéré et un sol fertile. Ce que l'on sait de l'Antarctide n'autorise pas de semblables illusions.

Aujourd'hui les savants rééditent les projets d'exploitation de la région australe, encouragés par le succès des dernières expéditions. Ils s'appuient sur des faits positifs ; l'organisme humain résiste à la rigueur du climat ; les peaux des phoques fournissent des tentes et de très bons vêtements ; par ces mêmes phoques et par les manchots l'alimentation est assurée ; les baies abritées où les débarquements peuvent s'effectuer sont nombreuses ; les navires à vapeur cuirassés donnent plus de sécurité pour la navigation à travers les banquises.

Dans leurs combinaisons, les organisateurs se montrent prudents. De la terre polaire australe, ils prennent seulement le littoral connu et abordé ; mais ils s'emparent de toute la contrée circumpolaire, qui peut être dénommée subantarctique, en partant du 50ᵉ parallèle S. et remontant vers le 77ᵉ parallèle S.

Le Dʳ Borchgrevink parle d'une exploitation minière dans la baie Robertson, près la petite île d'York[1].

Le Dʳ Cook, plus enthousiaste, montre[2] une série d'établissements apportant l'activité et la prospérité dans cette région : les phoques sont utilisés sur place et fournissent au commerce d'exportation des peaux, des fourrures et des huiles ; les baleines et les manchots donnent également de l'huile ; le guano qui couvre des milliers d'îlots est l'objet d'une vaste exploitation. Le savant spéculateur se garde d'oublier les richesses probables du sol et la présence possible de l'or qui donnerait naissance à un Alaska antarctique.

Donc, si nous ajoutons foi à ces prédictions pour l'avenir, les premières expéditions du xxᵉ siècle dans les régions antarctiques auraient ouvert à la Science une source de précieux et indispensables renseignements, et à l'Industrie comme au Commerce, la perspective de conquêtes dans un monde nouveau.

Acceptons-en l'augure. Mais sans plus attendre, et c'est là le but de ma communication, envoyons le témoignage de notre admiration, dût leur héroïsme demeurer stérile, aux savants et aux marins qui, avec une patriotique abnégation, ont risqué leur vie pour avancer la solution du problème géographique : LA TERRE POLAIRE AUSTRALE.

---

[1] Il a même pris un terrain au nom de lord Newnes dont la générosité avait subventionné l'expédition de la *Southern Cross*.

[2] Lire le sixième appendice que le Dʳ Cook a ajouté à son ouvrage *Through the first Antarctic Night*, Heinemann, London, 1900.

BIBLIOGRAPHIE [1]

I. — Expédition belge (de Gerlache).

Résultats du voyage de la Belgica, *en 1897-1898-1899, sous le commandement de de Gerlache*, Rapports scientifiques publiés aux frais du Gouvernement belge, Anvers, 1901.

DE GERLACHE, *Voyage de la* Belgica : *quinze mois dans l'Antarctide*, Bruxelles, 1902.

ARCTOWSKI (Henrik), *Die antarktischen Eisverhältnisse*, Gotha, 1903.

COOK (Frederik), *Through the first Antarctic Night, 1898-1899 : a narration of the voyage of the* Belgica *amond newly discovered lands und unknown sea about the South Pole*, London, 1900.

RACOWITZA (Emile), *Résultats généraux de l'expédition antarctique belge*, Paris.

RACOWITZA, *la Vie des animaux et des plantes dans l'Antarctique*, Bruxelles.

ARCTOWSKI, *Notice sur les aurores australes observées pendant l'hivernage de l'expédition antarctique belge*, Paris, 1900.

LECOINTE (Georges), *Note préliminaire sur les observations magnétiques pendant le voyage de la* Belgica, Bruxelles, 1900.

II. — Première expédition anglaise (Borchgrevink).

BORCHGREVINK (C.-E.), *First on the antarctic continents. Being an account of the British antarctic expedition, 1898-1900*, London, 1901.

---

[1] Il n'est ici question que des publications concernant les expéditions du xxe siècle, non compris les articles insérés dans les revues spéciales.

La liste des ouvrages qui forment la bibliographie antarctique pour les xviiie et xixe siècles a été publiée dans *the Antarctic Manual*. Elle comprend l'année 1900 durant laquelle ont paru les premiers rapports sur les expéditions de la *Belgica* et de la *Southern Cross*.

Report on the collection of natural history made in antarctic region during the voyage of the Southern Cross, London, 1901.

BERNACCHI, *Topography of South Victoria land*, London, 1901.

BERNACCHI, *To the South polar region, expedition 1898-1900*, London, 1901.

HANN, *Die meteorologischen und erdmagnetischen Ergebnisse der antarktischen Expedition des Iahres 1899-1900*, Berlin.

SUPAN, *Das antarktische Klima*, Berlin, 1901.

III. — Expédition allemande (von Drygalski).

Deutsche Süd polar Expedition auf dem Schiff Gauss, unter Leitung von Erich von Drygalski.

I. Bericht über die wissenschaftlichen Arbeiten auf der Fahrt von Kiel bis Kapstadt, und die Errichtung der Kerguelem Station.—II. Bericht... von Kapstadt bis zu Kerguelem und die Thätigkeit auf der Kerguelem Station. — III. Bericht... seit der Abfahrt von Kerguelen bis zur Rückkehr nach Kapstadt, 31 Januar 1902 bis 9 Juni 1903, und die Thätigkeit auf der Kerguelem Station, vom 1 April 1902 zum 1 April 1903, Berlin.

IV. — Expédition suédoise (Nordenskiold).

ANDERSON (J. Gunnar), *The winter expedition of the* Antarctic, *to the South Georgia*, London, 1902.

SKOTTSBERG, *The geographical distribution of vegetation in South Georgia*, London, 1902.

NORDENSKIOLD, *Antarctic, zwei Iahre in Schnee und Eis am Südpol*, deux volumes, Berlin, 1904.

TABLE DES MATIÈRES

Lyon. — Imprimerie A. Rey, 4, rue Gentil. — 37699

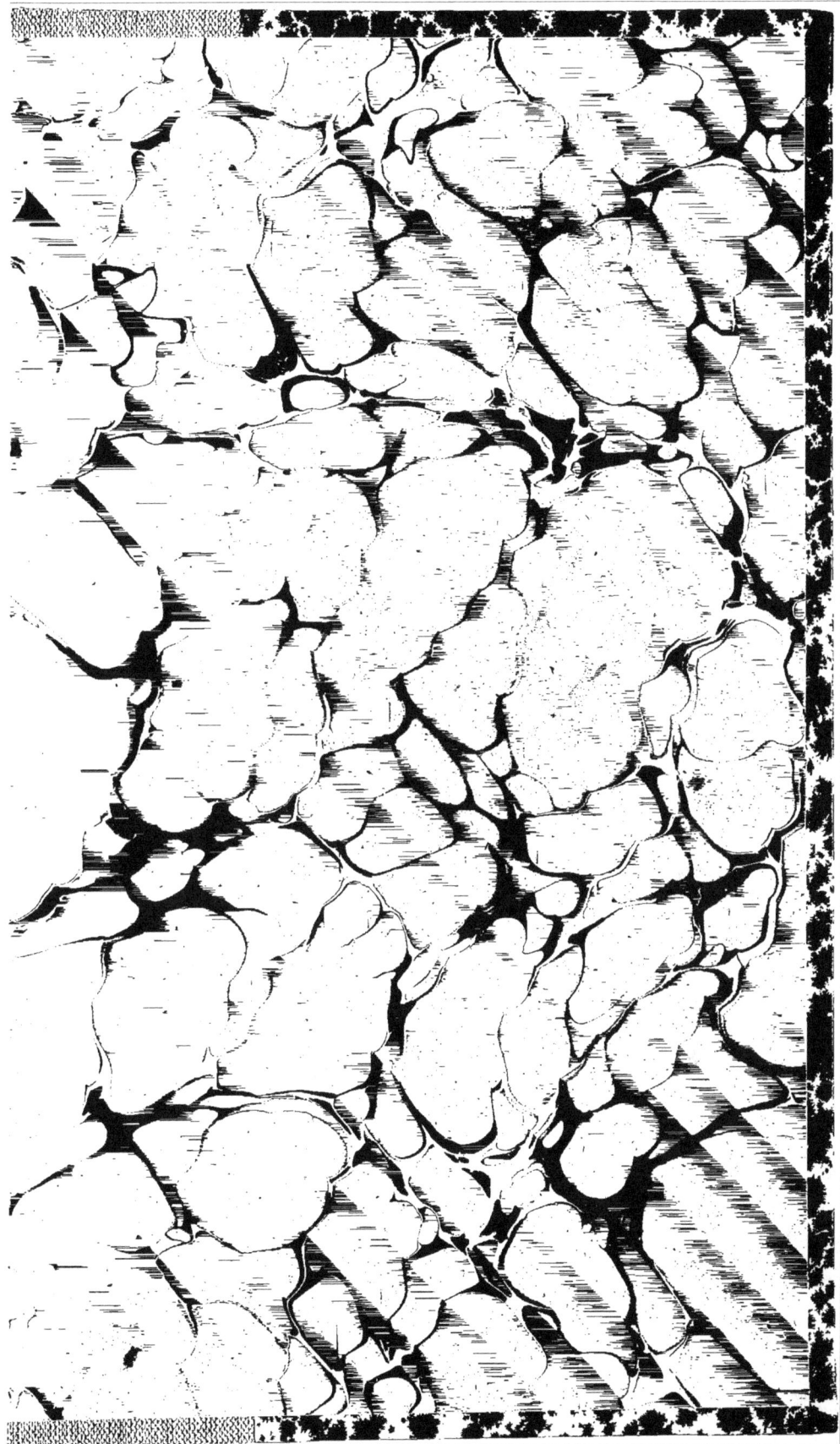

www.ingramcontent.com/pod-product-compliance
Lightning Source LLC
Chambersburg PA
CBHW050019100426
42739CB00011B/2710